克拉克森的世界
机器，也有灵魂

杰里米·克拉克森生于1960年，是一位英国媒体人、作家。他因英国广播公司（BBC）汽车综艺节目《疯狂汽车秀》（*Top Gear*）和亚马逊（Amazon）纪录片《克拉克森的农场》（*Clarkson's Farm*）而广为人知，主持风格幽默风趣，经常语出惊人。数十年来，他每周为《星期日泰晤士报》（*The Sunday Times*）和《太阳报》（*The Sun*）等数家报纸、杂志撰写专栏文章，迄今著有数千篇汽车评测文章、时事评论，汇编成书逾20本。

本书作者其他作品

汽车评测系列：

《年轻时代》（*Clarkson on Cars*，1985—1993）

《汽车星球》（*Motorworld*，1995—1996）

《天生易怒》（*Born to Be Riled*，1997—1999）

《停不下来》（*Don't Stop Me Now*，2003—2006）

《心烦意乱》（*Driven to Distraction*，2006—2007）

《转向疯狂》（*Round the Bend*，2008—2009）

《这能错吗？》（*What Could Possibly Go Wrong*？，2011—2013）

《是真的吗？》（*Really*？，2015—2018）

时事评论系列：

《我看世界》（*The World According to Clarkson*，2001—2003）

《风云再起》（*And Another Thing*，2004—2005）

《我的天啊！》（*For Crying Out Loud*！，2006—2007）

《这有何难？》（*How Hard Can It Be*？，2008—2009）

《问题多多》（*Is It Really Too Much To Ask*？，2010—2013）

《如我所说》（*As I Was Saying ...*，2013—2015）

《言无不尽》（*If You'd Just Let Me Finish!*，2015—2017）

《全速出击》（*Can You Make This Thing Go Faster?*，2018—2019）

本书是《克拉克森的世界》系列中文译丛的第一册。如果您希望看到克拉克森的更多作品加入译丛，请与我们联系：zhangzt@sstp. cn。

克拉克森的世界

机器，也有灵魂

[英] 杰里米·克拉克森　著

我自己的工作间

张　然　赵煦可　译

上海科学技术出版社

图书在版编目（CIP）数据
克拉克森的世界 ：机器，也有灵魂 / （英）杰里米·克拉克森（Jeremy Clarkson）著 ；张然，赵煦可译. 上海 ：上海科学技术出版社，2024. 9(2024.10重印).
-- ISBN 978-7-5478-6775-4
Ⅰ. D756.109-53
中国国家版本馆CIP数据核字第20241XF030号

克拉克森的世界：机器，也有灵魂
［英］杰里米·克拉克森 著
我自己的工作间
张 然 赵煦可 译

上海世纪出版（集团）有限公司
上 海 科 学 技 术 出 版 社 出版、发行
（上海市闵行区号景路 159 弄 A 座 9F－10F）
邮政编码 201101 www. sstp. cn
上海光扬印务有限公司印刷
开本 787×1092 1/32 印张 7.5
字数：150 千字
2024 年 9 月第 1 版 2024 年 10 月第 2 次印刷
ISBN 978－7－5478－6775－4/Z·11
定价：78.00 元

谨以此书献给我的孩子们：艾米丽（Emily）、芬洛（Finlo）和卡提亚（Katya）。他们必须像小贼一样蹑手蹑脚地在房里走动，还不能收听广播第一电台[1]，只为让我潜心伏案写作。

1 指 BBC Radio One，多播放流行音乐，听众以年轻人为主。

目录

克拉克森的世界：机器，也有灵魂

译 者 序

2023 年夏天，上海科学技术出版社编辑老师带来的一个消息轰动了“我自己的工作间”翻译组。继《极速风华：法拉利 75 载传奇》《F1：登峰造极》之后，出版社又引进了杰里米·克拉克森的《克拉克森的世界：机器，也有灵魂》（*I Know You Got Soul*）并再次邀请组员担任翻译。

这是一份对我们来说格外珍贵的邀请。

必须要说明的是，我们并不是科班出身的专业书籍译者，都有各自的职业和事业。在业余时间能够通过“我自己的工作间”翻译组这个小小的社团来从事自己的爱好，参与英文内容的译制，乃至从事书籍的译介工作，本身已经十分难得了。而且，这次引进的书——它的作者可是大名鼎鼎的杰里米·克拉克森啊！

翻译组成员之中的很多人，多年前就是世界上最伟大的汽车节目《疯狂汽车秀》（*Top Gear*）和《伟大的旅程》（*The Grand Tour*）的忠实观众。而杰里米·克拉克森在节目中也凭着独树一帜的主持风格在全世界俘获了大量粉丝。可谁能想到，有一天我们的名字会和杰里米·克拉克森印在同一本书上！这是多么值得自豪的一份荣耀啊！

因此，我们十分感谢出版社带来的机会，在收到原作之后就满怀兴奋地开始工作。翻开本书的目录，看到那一个个已经被载入史册的名字——客机、游艇、舰船、战机、汽车、火车等，我们都很好奇：克拉克森会怎样描写它们和它们所蕴涵的灵魂？他会把这本书写成科普读物吗？他会像一位西装革履的讲解员，操着一口生硬无感的语调，如同带领观众游览博物馆一样给我们介绍那些在历史上留下过辉煌印记的杰作吗？

可本书的内容让我们毫不意外——克拉克森永远是那个心直口快的“大猩猩”！经常观看他节目的读者都知道，“大猩猩”根本不可能是那种身着笔挺西装、正襟危坐、一本正经的博物馆讲解员——光是想想这画面就觉得荒唐得可怕！他依然保持着在节目和专栏中一贯的诙谐风格。谈笑间，那些传奇故事已被他如数家珍一般地娓娓道来。

令人印象深刻的是，克拉克森几乎很少开门见山、平铺直叙地展开讲述。他经常会先引入一些看似与主题无关的内容作为铺垫，有的篇幅甚至占到了章节的一半之多，可能让人乍一看还会纳闷是不是翻错了书。可他又总能话锋一转，自然而然地带出文章所讲述的“主角”，将它最显著的特征烘托得恰到好处，也为篇章前半部分的铺垫内容脱去了喧宾夺主的违和感。克拉克森还擅于旁征博引，通过各种人物、事件、轶文、比喻以及文化惯用词，让他的讲述无比生动、充满妙趣，又极具画面感——就像是在你眼前展开了一帧帧的纪录片画面，让你在脑海里构建出那项杰作的样貌，同时也看到了它所处的年代以及那些为了它而不停忙碌的人们。

当然，克拉克森的大量“用典”为翻译工作增加了难度。我们花了很多时间来查证他所提及的故事和事物，也在必要之处做了相关注释，以帮助读者更好地理解文章内容，特别是更有代入感地体会克拉克森那尖酸老辣、欲扬先抑的口吻。而我们作为本书的译者，通过第一手的阅读和研究，亦在搜集资料的过程中获得了知识面的拓展。

此外，你还会发现，克拉克森从不吝惜给出最高级的赞美，即便那看起来带着很强的主观性，甚至稍显夸张，但他总能给出令人信服的理由。值得注意的是，本书收录的 21 项机械工程杰作中，有超过三分之一是英国“原产”。而作为英国人的克拉克森，对诞生于本国的机械工程技术产物理所当然地献上了诸多溢美之词。从中，我们也能看出这位英国绅士炙热的情怀——他对祖国爱得深沉，对英国历史上从工业革命时代延续到战后的辉煌，仍然怀着深深的崇敬和追忆。

所以，他笔下的机械传奇，其实远远不止游艇、舰船、战机、汽车、火车、建筑乃至大坝本身；他以赞赏甚至崇拜的眼光细细打量和琢磨的，是那些机械工程杰作背后至高至伟的人类智慧——是人，造就了那些“最大”“最美”“最快”“最强”；同样也是人，为它们赋予了至纯至隽的灵魂。

而这，就是本书的精华所在，这也是为什么克拉克森要对他和老友共同选出的 21 项机械工程杰作道出一句——I know you got soul（我知道你有灵魂）。

本书每一篇章彼此独立，篇幅不长，非常适合你在闲暇时间取来泛读，亦可作为茶余饭后的谈资。它完全不是一册权威的科普读物，因为你在本书里找不到任何用词严谨的词条解释，它反而更像《笑林广记》，以轻松、幽默、略带讽刺的方式，讲述着那些机械工程杰作背后的故事和它们所拥有的灵魂。进而，我们也希望各位读者朋友不仅可以体验到阅读的愉悦，也能通过本书走近杰里米·克拉克森，体会这位全球最著名的车评人的一颗赤诚之心。

最后，我们想再次感谢上海科学技术出版社，感谢编辑老师的慧眼如炬，特别是他在本书的引进、编译、出版过程中的辛勤付出。我们也要感谢彼此之间的默契合作。虽然我们二人远隔两千多公里，素未谋面，但我们依然在线上高效地接力完成了本书的翻译和校对工作。

感谢翻译组组长李非的信任和支持，感谢他和组员李啸尘、章珩、严翠雯在本书译稿终审中的指导与贡献，也感谢每一位对本书提供过指导帮助的“我自己的工作间”组员们。大家的齐心协力，为本书的翻译画上了圆满的句号。

心向远方自明朗，翻译之路其修远兮，我们两个年轻译者初出茅庐，能力有限，不妥之处在所难免，还请广大读者朋友海涵并提出宝贵意见。

敬请联系“我自己的工作间”翻译组公共邮箱 ms@wodzudio.com。

张　然　赵煦可　敬笔

2024 年 7 月于成都、于北京

前　言[*]

之前，一架协和超音速客机在巴黎坠毁[1]。我想正是这则噩耗为我写下本书提供了源源灵感。

通常而言，若一架飞机从高空坠落，无人不为全体遇难人员痛心疾首。但这次我发现，自己更多的是在为一台机器的陨落而动情落泪。如此精妙绝伦之造物，怎会惨遭这般横祸？这个噩耗与不久前戴安娜王妃的死讯[2]一样，令人倍感惊愕。

其实，大部分机器不过是由一堆电缆和塑料构成的东西。就好比我写这本书时所用的电脑，跟一辆丰田卡罗拉一样“没心没肺”；而卡罗拉也不比科尔比西裤压熨机多出什么感情。

但有些机器的确怀有灵魂。有时是因为它们具备了一种最能体现人类本质的特性——缺陷，而协和超音速客机还有

---

* 本书脚注均为译者注。

1 指 2000 年 7 月 25 日发生的法国航空 4590 号班机空难。

2 戴安娜王妃：英国国王查尔斯的第一任妻子，1997 年 8 月 31 日因车祸死于法国巴黎。

AK47就是这一类的代表；有时也是因为自诞生的那一刻起，它们那愚蠢、误入歧途的造物者所携带的特质，就已深深刻进了它们的骨子里。我一想到这儿，脑海里便立马出现了齐柏林公爵的名字。

无论如何，几乎所有的这些机器都领衔谱写了一段又一段传奇，但却无一超越“喷火”战斗机所铸就的史诗。我们当然没有忘却，在1940年和煦的夏季，是那些骁勇的精英飞行员们[1]在不列颠之战中以少胜多，击退了纳粹德军。但我们心照不宣的是，其实此般大捷基本归功于那速度极快、操控性极好的“喷火”战斗机。

是的，你没听错，也先别急着惊讶。我当然知道有关“飓风”战斗机[2]的一切，但它着实缺少影星般的容貌、气质和魅力。总之，我不能自诩本书能够囊括横贯古往今来一切拥有灵魂的机器，而且本书对这些机器的选择，也不曾基于什么科学依据。我和编辑只不过是在一次午餐时突发奇想，接着就在餐巾纸背面列出了这个清单。这些都是我们中意的机器，是在情感因素的指导下甄选而出的，出自感性，而非理性。

1 原文为“The Few”，特指参与了不列颠之战的飞行员们。该词源自丘吉尔在1940年8月20日发表的演讲：“在人类战争史上，从来没有一次像这样，以如此少的兵力，取得如此大的成功，保护如此多的众生。”(Never in the field of human conflict was so much owed by so many to so few.)。

2 第二次世界大战期间英国空军的主力战斗机之一。

不过最困难的一步在于如何挑选出具体的某一个机器。比如，所有的战列舰都有自己深隽的灵魂，主要是因为它们都并不完美，并且通常也派不上用场。但考虑到只能挑选其中最为突出的代表，我便把目光放到了最“没用”的一艘上面——可惊可愕的“大和”号战列舰。

由于时间紧迫，下一个困难就在于我需要忍痛剔除一部分内容。我很清楚有一章是专门留给吉布森·莱斯·保罗[1]的，但可惜的是，在我能抽空把它写进去之前，《疯狂汽车秀》（*Top Gear*）的制片人就打来电话，让我火速回去参与节目录制等一系列烦人的工作了。

实在是抱歉。

1 吉布森·莱斯·保罗，原文为 Gibson Les Paul，一款于 1952 年上市的电吉他。

协和超音速客机

2003 年夏天，最后一架协和超音速客机在希斯罗机场着陆，引发了一片哗然。电视台记者赶赴现场直播报道，人们潸然洒泪，评论员们绘声绘色地讲述着一个时代的终结。不过，在如此煽情动容的氛围中，有一撮《卫报》的左翼评论员却在敲锣打鼓，感叹“可算是结束了”。

他们指出，协和超音速客机的设计成本高达 21 亿英镑。哪怕是在 1960 年代，这样一笔开销也足以修建四个千年穹[1]。因此他们无需多言便可以警醒世人：多少年来，这只“大白鸟”实际上是一匹由真金白银堆砌成的“吞金兽”。

而它的建造成本由纳税人承担，并且许多年以来，他们还得进一步自掏腰包以维持航班的运营。那么从中得利的人是谁呢？根据那些左翼主张，受益者肯定不是街上的普通工人，而是一伙大腹便便的资本家。他们去往纽约做了一笔又一笔发财交易，却让那些从一开始就为飞机买单的平民百姓

1 英国为庆祝千禧年而修建的建筑之一，也称为“千禧巨蛋”，曾被选为“世界上最丑东西”的首位。目前已改建为 O2 体育馆。

生活雪上加霜。

如果你眯起眼睛细品，倒是有可能发现这个论点的逻辑；但你若睁大双眼正视现实，恐怕就会发现它根本讲不通。对于那种在政界商界呼风唤雨的人们来说，协和客机的确帮了他们大忙。你在伦敦吃着早餐，就可以随手抛掉通用电气和通用汽车的股权，然后去纽约吃下一顿早餐，顺便把危地马拉和乍得买下来。

但这些人看待它，就像看待电动剃须刀或是面包机。它只不过是一个工具，一种节省时间的途径罢了；并且就座舱而言，它也没有任何可圈可点之处——尽管腿部空间还算宽裕，但座椅并不比英国国家快运的长途巴士宽多少，头部上方的空间也显得相当局促。

更重要的是，由于飞机过重，哪怕是时下最基础的经济舱里都已司空见惯的基本装饰，乘客也无缘享用。飞机提供的免费美酒固然很赞，但它并没有观影系统，没有显示飞机实时方位的小地图，也没有安在飞机前轮的摄像头用来在起降时以第一视角观看飞机外的景观。三小时的漫长旅途，你百无聊赖，只能琢磨买下秘鲁的计划，顺便盯着前排哥们儿头顶的那块秃斑。那家伙正想着让波兰破产呢。

以 2 马赫[1]的速度穿过平流层，在你看来一定是件相当刺激的事吧？其实不然。尽管飞机在跑道上加速时会有一股强劲的推背感，但那也不比一辆宝马 330i 来得刺激。当飞

1 马赫：物理学单位，是速度与音速的比值，2 马赫即 2 倍音速。

机掠过康沃尔上空，飞行员开启加力燃烧室并突破音障的那一刻，你心头的确会涌动起一股强烈的满足感。不过，但凡你去一个露天游乐场，都能体会到更强烈的肾上腺素激增感。

与此同时，远在飞机下方的汪洋上，乘船横渡大西洋的乘客们可以听到飞机产生的音爆，但那些正坐在协和客机里的人们却感受不到任何震动，舱外也看不到任何风景。人们常说在高空可以观测到地球曲率，但只需去海岸边看看也能对其一目了然。舷窗外的平流层看起来既不是黑色也不是紫色，不同于大多数人所认为的那样，协和客机还远未飞到地外空间的边缘；飞行高度甚至连平流层的一半都还没到。

协和超音速客机的飞行高度为 6 万英尺，是波音 747 的两倍之高，相当了不起。但 6 万英尺也不过 18 千米，在 38 万千米的地月距离面前，还谈不上多遥远呢。

协和超音速客机的优点在于又快又舒适，毕竟它能平稳飞越湍流。但缺点就是座位狭窄，乘机体验索然无味，而且座舱后排噪声相当大，以至于平日里温文尔雅的迈克尔·温纳[1]和罗杰·摩尔[2]也会为了争抢前方的 1A 座位而大打出手。不过就算坐在那里，噪声也是震耳欲聋。

我曾两次乘坐协和超音速客机。一次有幸得到了升舱，另一次是受邀体验了这款机型离开纽约的最后一程飞行。我

1 迈克尔·温纳：英国导演、编剧、作家。

2 罗杰·摩尔：英国男演员，曾出演多部“007 系列”电影。

向来都没付过机票钱，甚至想都没想过，因为我从未把它当做交通工具。在我看来，与其坐在里面遭罪，远不如站在地上欣赏来得安逸。

这一点正是那些《卫报》的左翼评论家所忽略的，他们认为普通劳动者为协和客机贡献了纳税金却没收到任何回报。然而，我们正是“站在地上欣赏它”的那一批人，所以也算是享受到了吧。

十八年来，我一直都住在富勒姆，这里恰好位于航班往希思罗机场入港的航线中点上。因此对于 6 点或 10 点新闻播报，我从来都只听得清第一条。每天晚上的 6 点 03 分和 10 点 03 分，原本萦绕在伦敦市区的温和市井声音，随即被四台奥林普斯发动机响雷般的轰鸣淹没。每晚我也会在窗边驻足，欣赏这匹咆哮着的野兽划过天幕。

在巴巴多斯，所有飞机必须在离岸几英里开外的地方才能飞行，这样就不会打扰来这里度假的游客。但协和客机却享有特权，能够径直从这座海岛的西岸上空轰鸣而过——伸展下来的机头与棕榈树擦身而过，喷出的气流漫冲着沙滩。尽管被水花溅得像群落汤鸡，美国人却依然在欢呼着围观。这般奇景看起来确实是个大场面，我的自豪之情亦随之油然而生。

至于协和客机高达 21 亿英镑的造价呢？去它的！不过是毛毛雨而已啦。

一位美国航空航天局科学家对它的总结是我见过最精辟的。他说：“比起让协和客机正常运转，把人送上月球来得更简单些。”

首先是政治障碍。想让阿姆斯特朗登上月球，美国航空航天局只需要花重金聘请专精火箭的德国科学家，随后就可以坐享其成。但英国人研发协和客机的过程中并没有德国科学家参与。他们觉得我们资金不足，拒绝在战后前往英国。

他们说的没错，因为我们造得出发动机，却没钱生产机体。于是在 1962 年，我们只得去找法国商量。毕竟他们与我们正相反：造得出机体，却搞不定发动机。这意味着一场合作将在英法两国之间展开，有点像阿森纳和曼联两支球队强强联手。不过，麦克米兰和戴高乐七分钟后就谈崩了——飞机的名字该叫“协和”还是“协合”[1]？两人迟迟没有达成一致。

直到后来英国科技部部长托尼·本出面才进一步推动了这场谈判。他迫使法国签署了一项“禁止退出条款”，意味着双方无论如何都必须要坚持完成飞机的研发，严禁半途而废，将数十亿美元债务的烂摊子丢给英国纳税人。

这在当时听起来还不错，毕竟比起法国佬，还是我们英国人更可靠些。但随着时间的流逝，英国政府开始动摇了，一次次想打退堂鼓。然而，拜“禁止退出条款”所赐，他们只能硬着头皮坚持下去。

与此同时，工程师们的研发也绝非易事。要知道，波轮

1 法语中的协和写作 Concord，比英语中的 Concorde 少了一个字母。

洗衣机在当时还是高科技家电，CD 播放器和按键电话机都还没被发明出来。电脑倒是有，只不过它们的体积大到需要一整栋房子才塞得下，而且哪怕是乘法表，也要花一整天的时间才能算明白。因此可以说，协和客机是工程师们用铅笔一笔一画地设计出来的。

研发仿佛是一场不可能实现的梦。固然某些战斗机能够突破音障，但在全功率驱动下也只能维持 15 分钟，而且必须由技术精湛的皇家空军飞行员来驾驶，还得配备弹射座椅和氧气面罩。再者，每次执行完高速飞行的任务后，机体都需要花费数周的时间来接受保养作业。

所以说，造一架能够直接飞往美国的客机，还想比战斗机飞得更快、更高，又能马上掉头返回，这真是无稽之谈。尤其是，坐在飞机里的人可不是穿着抗荷服的精英飞行员，而是穿着便装的普通旅客。

主要的原因在于大气。以亚音速飞行时，飞机能够轻易将前方空气推开；而当飞机以超音速（大于 1 马赫）飞行时，由于速度过快，空气没有时间为来势汹汹的飞机“让路”，于是飞机前缘相当于径直撞上而非推开空气。撞击会产生巨大声能，以至于远在地面上的人们也能听到空气撕裂的巨响，这就是所谓的音爆。

撞击也会产生巨大热量，以至于协和客机在飞行途中真的增长了 7 英寸。在一次早期的横跨大西洋的飞行任务途中，一位飞行员将自己的帽子放在了两块壁舱的间隙里，着陆时却惊恐地发现，那两块壁舱紧紧地贴在一起，连张纸都夹不进去。直到返航途中，飞机再次膨胀起来，他才得以取回自己的帽子——可那时帽子已然变成了一顶学士帽。

一部分造成膨胀的热量也会传入机舱内。在2马赫的飞行速度下，仪表板上有一块地方特别烫，都能当成煎锅使。小窗户摸起来也很烫手。发动机所产出动力的一成，需要用来给空调供电。美国人就曾被座舱内的高温搞得死去活来。就和英国人和法国人一样，他们也没算到会有数百万度假者花99英镑乘坐弗雷迪·莱克[1]的飞机去佛罗里达旅游。五十年来，坐飞机出行一直是富人的专利，于是他们便认为未来的飞行速度一定会在1马赫之上。

不幸的是，美国人觉得2马赫还是不够快，于是便推出了剑指3马赫的“SST计划”[2]。只可惜这项计划最终让他们一蹶不振。尽管他们孜孜不倦地尝试，但由于当时的技术和物质条件限制，他们连设计这一关都没能跨过去，便只能中途易辙，转而设计了波音747——一款亚音速、廉价的大众交通工具。谁知道它能不能成事呢……

苏联人也没有掉队，同样研发出了一款能实际起飞的超音速客机——“协和斯基”[3]。只不过它在1973年的巴黎国际航空展上就发生了坠毁事故。其实在这场不幸发生之前，这款飞机的失败就已经注定：短短1 500英里的航程，只能

1 弗雷迪·莱克：英国爵士，被誉为“廉价航空之父”。

2 SST指Supersonic Transport，即“超音速客机”。

3 原文为“Concordski”，无论外形和名字都借鉴了协和客机，被西方人称为“协和斯基”。

让它从莫斯科飞到附近的一个地方。在技术层面而言，它的飞行速度能达到与欧洲对手不相上下的 2.2 马赫，的确很了不起。但就商用价值而言，它哪儿都飞不了，所以苏联人最后只能让这个项目不了了之。

然而，英国人和法国人却没有放弃。我看过一部电影，里面讲述了一群工程师在布里斯托的风洞做实验。他们循环往复地往里面扔纸飞机，只为找出最理想的形状以应用于协和的机体。

话说回来，除了热量带来的膨胀问题外，第二个麻烦便是突破音障时的空气冲击波带来的致命影响。气团会在机翼后缘停留并产生巨大的作用力，让副翼动弹不得。在第二次世界大战中，许多“喷火”战斗机都因此坠毁。在俯冲过程中，飞行速度已相当接近 1 马赫，以至于飞行员们都得对抗那种让他们无法打开副翼的不可名状的力量。直到坠地前的最后一刻，他们都还以为是飞机出了什么幺蛾子，让操控杆莫名其妙地卡住了。

后来还是迈尔斯飞机公司的技术专家找到了解决办法，他们很清楚，实现超音速飞行的关键在于移除副翼，并且整个机翼的位置也需要改变。或者也可以使用火神轰炸机[1]的三角翼，协和最终采用的就是这个方案，但它的形状绝不能有半点偏差。因为，毫不夸张地说，飞机突破音障之后所处环境之凶恶，让天寒地冻的北冰洋或人迹罕至的撒哈拉沙漠

1　火神轰炸机：英国在二战后研制的一种战略轰炸机。

看起来如同鸟语花香的巴特西公园。

如果说这种力量对机体而言已经相当棘手，那么它对发动机而言便是一场彻头彻尾的噩梦。如果你让喷气式飞机那弱不禁风的叶片以 2 马赫的速度撞向空气，它们只会碎得连渣儿都不剩。

于是，协和客机会以每小时 1 500 英里（1 英里≈1.6 千米）的速度飞行，但吸入发动机的空气流速只有其三分之一。这又该怎么做到呢？所以说，物理课上一定得认真听讲，不能开小差。

在工程师们埋头苦干的同时，负责市场营销的工作人员却在为一个更加严重的问题所困扰——协和客机的航程问题。虽然它能胜过战斗机，也超越了之前俄罗斯人所做的尝试，但它却永远没法飞越太平洋，甚至连大西洋都够呛；它可以胜任伦敦或者巴黎到纽约的距离，但无法从纽约飞到法兰克福。这就意味着，它能够执飞的航线数量相当有限，因此向它伸出橄榄枝的航空公司也会少之又少。

在赎罪日战争[1]和紧随其后的石油危机的冲击后，协和客机能飞的航线从十六条锐减到两条，牵涉到所有国家的载旗航空公司。这样一来，尽管工程师们攻克了所有技术难题，外面却没有一个买家愿意购买他们的作品。

更糟糕的是，美国人因为他们自己对超音速飞机的研发一无所获，就对我们耿耿于怀，而且杜撰了一系列无中生有

1 即第四次中东战争。

的理由来禁止协和客机进入他们的领空。甚至还有农民坚称超音速飞机会掀翻他们的奶牛。

最终也只有 14 架协和客机生产落地，并且其中的最后一架还象征性地以 1 英镑的价格卖给了法国航空。而且，从伦敦出发的航线只有飞往巴林的那条。协和客机这项有史以来最伟大的科技成果，却没有用武之地，真是荒谬至极。

最终，美国人让步了。后来，是英国航空想出一记妙招，让手里的大型“吞金兽”摇身变为“摇钱树”——先找到乘客，询问他们是否知道所购机票的价格，而他们显然是一问三不知，毕竟像购票之类的琐事，他们都是让自己的私人助理去找旅行社办理。令人惊讶的是，大部分人的猜测都远远高于实际价格。所以英航只需要给协和客机定下与人们预期相吻合的票价，就可以牟利。

这样看来，协和客机的未来似乎已经筑牢。普通机型像是打了鸡血一样，不断在世界各机场间辗转飞驰；而相比之下，英航旗舰机型的工作负荷极低，起降次数也少之又少。并且由于协和客机空中飞行所花费的时间相当之短，它完全可以说是前途无量。在另一位独具远见之人下令启动一个替代性项目之前，协和客机都会保持一往无前的态势。

但好景不长，其中一架发生了空难。

此前也发生过几次险情，但都与灾难擦肩而过。有一次是轮胎发生爆裂，大块的橡胶碎片砸进了机翼；更惊险的一次是，一架英航协和客机在希斯罗机场降落时，几乎耗尽了燃油。而实际上飞机在往航站楼滑行停靠的路上就已经熄火了。

这些意外都没能引发大范围关注。在那次“油尽恐慌”事件过后，英航的宣传部门出面声明，由于飞机在飞行和滑行时，与地面之间的角度不同，所以油箱中其实还有燃料剩余，足够让发动机继续运转 20 分钟之久。

最后仅有一家报纸对此事做了简单报道。但实际上剩余的燃料最多支持飞机滑行 20 分钟，而若想维持飞行状态，恐怕只能坚持 90 秒。

后来人们才发现问题出在机长身上。尽管当时的副驾驶和工程师都发现并指出了油量异常，机长却不愿减速，也拒绝在爱尔兰香农机场降落以补充燃油。结果他还没等到下机整理衣冠，就被公司炒了鱿鱼。

但是发生在巴黎的那次坠机事故迅速登上了各大报刊头条。这不只是为了向全体遇难者（其中大多为德国人）致哀，更是因为这是自“泰坦尼克”号之后，我们首次为一架机器的陨落而哀悼。

科学家经过数周调查后发现，事故始于轮胎爆炸，其碎片击穿了一侧的油箱，最后鬼使神差地点着了机上的燃油。尽管他们采取了相关措施以绝后患，但协和客机所面临的情势已是板上钉钉。而在不久后的纽约世贸中心双子塔恐袭事件过后，人们仅存的一丝信心也烟消云散。

随后理查德·布兰森[1]跳了出来，吵着嚷着要接手英航

1 理查德·布兰森：英国亿万富翁，维珍集团创始人。

的客机，还要在尾翼印上维珍航空的标志，真是荒唐。法国已宣布将不再颁发适航证书。但这个大胡子奸商很清楚，即使是有证书，英航也绝不会放弃自己的旗舰客机。他竟把协和客机走向衰亡的痛苦煎熬包装为公关噱头，我永远都不会原谅他。

如你所见，协和客机不只体现了英法科研人员攻坚克难的伟大精神，更是一块凝聚人类智慧的纯净瑰宝。在过去的每一天里，它都会携着奔雷般的轰鸣两次掠过天空，只为提醒我们，人类无所不能。有了时间和金钱，我们便能一往无前。

这也就是为什么在我最后一次乘坐并走下协和客机的时候，脑海中盘旋着这个想法："我迈出的这一小步，却是人类倒退的一大步。"

要知道，有的机器在退出舞台后要么被尘封入库，要么被捐给博物馆。而协和客机与那些机器都不一样——退役后，我们迟迟没有迎来比它更快、更好、更便捷的替代品。

虽然我已经尽力避免夸大其词，但我还是要说，这就像是有人首次发现了火种，却因害怕灼伤而将其掐灭；也好比哥伦布已经发现了美洲新大陆，却担心返航时折损船只而畏缩不前。自从罗马人在公元410年离开英国起直到今天，人类在科技和社会进步面前还从未退缩过。我想这就是协和客机的谢幕引起巨大轰动的主因，毕竟它代表着我们既有的进步方式发生了沧海巨变。

我们曾踏上过月球，现在又向火星进发；我们曾造出了蒸汽机，紧接着又发明了内燃机取而代之；我们实现了 1 马赫的飞行速度，又转而完成了向 2 马赫的跨越；我们曾经不到 3 小时就能飞越大西洋，但现在一切都化为泡影……

这架机器也有它自己的命运。二十多年来，它在每天清晨醒来，随后飞往纽约。而突然有一天它发现，人们不再为它补充燃油，也不再为它清洁地毯，只是举办了一场轰轰烈烈的派对，转天就人走茶凉，什么也没留下。想象一下，要是你对家里的宠物狗做了同样的事情会怎样？晚上你把它关进笼子，自己却远走高飞，永不回来。

机器毕竟是机器，它不可能知道发生了什么坠机空难或者自己为何无法获颁适航证书。从它驶下产线的那一刻起，它就肩负着执行飞行任务的使命，并且年复一年、滴水不漏地完成了。所以它一定很苦恼："人们为什么不再需要我了呢？"

当然了，我们如今还是可以去博物馆一睹这位老姑娘的芳容。不过要是去博物馆参观一件属于未来的"历史文物"，感觉还是有些奇怪。但协和客机其实并不属于未来，它代表的是过去——那动荡不安的上世纪的终章。

当汽车被发明出来的时候，我们并没有对拉车的马儿"卸磨杀驴"。它们成了人们的玩物，是猎人的坐骑和 12 岁小孩儿的赛马。对航空旅行来说也应该是同样的道理。

到了今天，在互联网和视频会议的支持下，商业大亨们只需悠闲地坐在转椅上就能交易公司，哪还需要亲自往美国飞一趟？

因此，只有出行度假时，人们才会选择乘坐飞机。同样是前往佛罗里达州，在 2 马赫的速度和 2 英镑的票价之间，大多数人都会选择后者。

所以协和客机的没落是注定的，并非因为它速度太快而曲高和寡，只是在当今的电子时代，它反而显得太慢了。

劳斯莱斯汽车

在我写作的这会儿工夫，正好有辆车停在窗外等待评测。至于它在哪里生产，又叫什么名字，我一概不知。它有可能是辆起亚，又没准是辆大宇。

但无论是什么，它都不如一杯寡淡的白水个性鲜明，也不比摆在办公室角落里的盆栽橡皮树更具情感。我这说法绝非无凭无据。

要让汽车独具个性，并拥有名扬天下的潜质，它的生产商就必须以某个人作为灵感源泉和方向指引，而这个人就是汽车公司的创立者。

但窗外的那辆车并不具备这些品质。不用说都猜得到，它一定出自某个唯利是图的汽车公司设在丛林深处的整车厂。在成立宝腾、现代和大宇这些汽车公司的时候，创始人们心中都没有那种“追求卓越，制造非凡”的梦想。它们的本质不过是大型工程建筑集团，各自在政府的责令下从事汽车生产，进而让当地百姓结束农耕生活以步入现代社会。

在日本也有同样的情况。毕竟我们从未听说过，丰田喜一郎在儿时就渴望长大后能造一台永不抛锚的家用掀背小轿车的故事。你就算是往历史书里翻破大天去，也找不着一个叫做达特桑[1]的年轻小伙，为了设计出双里程表的汽车，在放学后点灯熬油地苦心钻研。

生产斯巴鲁汽车的公司叫做富士重工。这公司的名字念起来倒挺浪漫，但我敢打赌，他们的董事长偶尔会忘记自己还有个汽车部门，毕竟那只是他众多财务收支报表中的一条罢了。

在日本诸多汽车品牌中，唯有本田具有人性的温度。这是因为本田宗一郎自幼就志存高远，并且他的这份志向在今天仍激励着工程师们砥砺前行，从而使新一代 S2000 跑车能够与其早期摩托车一脉相承。在所有日本汽车品牌中，本田之所以最受我青睐，纯粹是因为它拥有这样一条与过去相连的纽带。

当然了，欧洲的大多数汽车公司无不是由志存高远之人所创立。比如路特斯的创始人科林・查普曼，他钟情轻灵飘渺之物；威廉・里昂爵士呕心沥血，创立了捷豹，他偏爱速度感、舒适感以及低廉的价格；而恩佐・法拉利造车的初衷，纯粹是为了支持他自己心爱的车队。

这些名人中的大多数，以及与之类似的其他人物，都是

1 达特桑（Datsun）：日本汽车品牌，由日产汽车（Nissan）的前身 DAT 汽车公司成立于 1931 年，已于 2022 年停产。关于达特桑的名称来源有两个说法：一是三名创始人田健治郎、青山禄郎和竹内明太郎的姓名拼写；二是在取名时确定为“达特之子”，日语中意为“快如脱兔”，最后调整为“Datsun”。

凭借短小精悍的格言为世人所铭记。例如，埃托里·布加迪就曾说过，“无至美之物不可得，无金贵之物不可获”；恩佐·法拉利也指出，“顾客是上帝，但他们也不是每次都站在正确的一边”；科林·查普曼则将自己的哲学思想浓缩成一句话：简凝如线，轻灵如羽。

此处得友情提醒一句，查普曼也曾说过：“就算开着我亲手打造的赛车，你也永远追不上我。”或许这就说明了为什么路特斯的品牌名亦被释为“路上老坏，特多问题，斯文扫地”[1]了。

虽然这些人要么已不在人世，要么移居南美[2]，但他们的“血脉基因”仍在现今生产的汽车中得以彰显传承——路特斯 Elise 车身轻巧，却三天两头就得修；新款布加迪威龙的价格贵得令人发指；法拉利 575 的拨片式变速箱又怎是一个蠢字了得。但我又知道什么呢？毕竟“顾客也不是永远都对”。

这些公司成立时无不高举理想主义的旗帜，但不幸的是，时间总会无情地冲淡它，使其变得模糊难辨。比如，费迪南德·保时捷[3]不见得能看得上现在的卡宴；我也很好奇，要是威廉·里昂知道捷豹现任董事会为了上欧洲捞钱，

1 原文为：Lots Of Trouble，Usually Serious。

2 指科林·查普曼于 1982 年的逝世被认为是伪造的。传闻称，他实际逃往了南美，以躲避因牵涉德劳瑞恩汽车公司（Delorean）倒闭丑闻而面临的牢狱之灾。

3 保时捷品牌创始人。

竟然在大力推广前驱柴油旅行车，又会作何感想？此举或许能帮助捷豹填补一时的小亏损，实为虑不及远、数典忘祖之举，必将招致更大的麻烦。这就像捷豹 E-type 是我从小就梦寐以求的车，但我儿子却从来不曾渴望提一辆柴油版的 X-type。

这样的背景下，唯有一家汽车公司从未忘却自己最初的市场定位，那就是劳斯莱斯。

亨利·莱斯在 1904 年创立了劳斯莱斯公司。许多脍炙人口的名言都出自于他："行事皆需尽善尽美""哪怕是'差不多'或者勉强算是'不错'，也绝不接受""价格犹如过眼云烟，质量才能刻骨铭心""能及之事也好，鸿鹄大志也罢，都需始于足下"。

你肯定能够明白这些，而宝马公司也一样参透了个中道理。当宝马在 1998 年成功收购劳斯莱斯后，他们本来直接为某一款 7 系轿车安装一副新车身就可以推出一款新车，毕竟奔驰就是这样把迈巴赫造出来的。不过，工程师并没有在宝马配件部寻觅零件，而是打开电脑寻求答案。

不出意料，他们看到了亨利·莱斯和查尔斯·劳斯在百年前就开始为之奋斗的成果，觉得"咱也得这么干"。于是，劳斯莱斯幻影（第七代）便成为了世界上最棒的车。

显而易见的是，它并不是世界上最方便停泊的车。而且由于极速只有每小时 150 英里，它也同样不是世界上最快的车。而且你还得注意，除非，我是说除非，你平时能开气垫船通勤，否则它的操控性是一言难尽，和我们所说的运动性完全沾不上边。

就我的经验而谈，它的做工也并非世界第一。虽然它不是手工制造的（至少这意味着车门不会离“车”出走），但它却是经由手工精装的，这是继操控性之后第二糟糕的事情。

我还听说，这款车在正式上市之前就出过糗。在一次广告拍摄过程中，车头的欢庆女神小雕像一直羞答答地躲在机盖下面，迟迟不肯亮相。在一期《疯狂汽车秀》节目中，这种情况还复现了一次。后来我有一次开着幻影返回赫尔的时候也遇到了同样的故障。记得那天早上我从酒店出来，发现小雕像就和冬眠了一样窝在里面，无论我怎么哄，她都无动于衷。

随后我就打电话到他们公司去讨说法。接我电话的那家伙竭力憋出一副吃惊的口吻回道：“雕像卡住了？”然后又用一副表演式的难以置信的语调说：“我们从来都没遇到过这种情况啊。”我心想：行吧，都是你对。

内饰方面，宝马或许做出了一些不太讨喜的决定：车内密密麻麻的旋钮和按钮都藏在了小格子里面；换挡杆除了前进和后退，别无他选；内置的宝马 i-Drive 电脑的许多功能都遭到了移除，并且大多数时候，电脑和卫星导航屏幕却都藏在一个平淡无奇的模拟时钟后面。

因此，幻影的内饰再气派也不会比乔治亚装修风格的客厅更令人生畏。你坐的是一副舒适至极的座椅（让我意外的是它居然没有翼式椅背），目之所及尽是覆盖着座舱的上好皮革和实木。在劳斯莱斯里，你永远不会像开着迈巴赫那样，被好奇心驱使着去按下每个按钮，看看它们都是用来干嘛的，然后在剩余的旅途中，再一次次试着把第一个按钮所启动的功能给关上。

这就提供了非常轻松的驾驶体验，以至于有时你还会忘记自己正身处一台汽车中。

我曾切身体验过一次这种感觉。几天前，我驾车在高速公路上行驶，和其他车子一样，保持着 60 英里每小时的速度，身处一条冗长且缓慢的车龙之中。但和其他司机不同的是，我感受不到行驶途中车轮带来的颠簸。即便幻影搭载了一台 V12 大功率发动机，我也没有听见任何噪声。车子的舒适度，让浴缸里的惬意泡澡都显得略逊一筹；而静谧性，更是胜过一场躺在热带沙滩上的休憩。

不一会儿我就开始忘乎所以，然后打开转向灯试图超越前车。本来一切都很顺利，除了……

我当时在外侧车道，变道时竟差一点点就要撞上道路中央的防撞墩。所以我直到今天都很好奇，当那天的后车司机看着一辆重达 3 吨、价值 25 万英镑的劳斯莱斯打着转向灯（至少证明我这个司机没在打瞌睡），莽莽撞撞地驶离公路的时候，到底会想些什么？我猜他一定会若有所思地点点头，转而对他的乘客说："天呐，能让前面那个司机如此脱离现实，他开的一定是辆设计精良的车吧。"但我怀疑他可能只会说一句"蠢货，会不会开车啊?!"

而驾驶幻影的魅力就在于，你可以把车停在路边，将钱包里的一切分发给路人，而人们将对你投来惊异的眼神，仿佛你刚刚在他们面前吐了一地；你也可以把车停在路口处，降下车窗向路人挥手问好，不过他们可不会向你挥手致意，而是比出“V”型手势以表讥讽。走在大街上，你只不过是一介凡夫俗子；而坐着劳斯莱斯，你俨然变成了大恶棍弗雷德·韦斯特和哈罗德·希普曼[1]的私生子。

但我并不讨厌这种感觉，甚至还挺喜欢。因为它证明汽车依旧能让人血脉偾张——尽管有起亚、现代和大宇这些公司正竭力向我们泼冷水。所谓汽车，不过是由铁矿石、橡胶、沙砾、牛皮和石化副产品组成，再经大规模生产而出的事物。可要是还有这样的汽车能激荡起你的情绪，也堪为庆幸了。

除此之外，我还喜欢那种坐上它就可以目空一切的派头。就好比穿着一身盔甲闯进球迷俱乐部砸场子，天然有一副“你们能拿我怎么样”的架势。

幻影着实是个大家伙。根据我所坚信的汽车造型设计原则，轮胎尺寸必须刚好是车身高度的一半，因此坐在车里，轮胎的位置竟几乎与我大腿齐平。前方的散热器格栅也不简单，感觉比我最初的那间公寓还要大。发动机盖同样是相当宽敞，完全可以在上面打板球。哪怕是你把幻影撞出一个大洞，你也会浑然不觉。

它还能带来一种专横跋扈之感。你驾驶着它，仿佛在驾

1 两人均是臭名昭著的英国连环杀手。

驶维多利亚女王号邮轮。那是一种不费吹灰之力的强大，和君临天下般的威严。诚然，它所用的皮革或许来自巴伐利亚的奶牛，而其余所有配件也可能是先在德国装配好了再运到我们（英国）这边的地下工厂的。但是大家都知道，尽管埃尔加[1]弹琴用的羽管拨片是在慕尼黑买的，但那并不影响他创作的音乐依然和莫尔文丘陵[2]一样，具有浓厚的英国特征。即便其他人对劳斯莱斯和我拥有一辆劳斯莱斯的事实抱厌恶态度，我却始终对自己与这辆车共度的时光笃爱至深。

1 爱德华·埃尔加：英国作曲家。

2 莫尔文丘陵：英国著名自然风景区，盛产清甜甘洌的泉水，有“圣泉”之称。

丽娃游艇

要在人类的众多创造物中评选出至美之作，绝非易事。它可以是一幅油画、一座花园、一幢建筑，甚至可能是凯蒂·普莱斯[1]的双乳。

在曾经一个阳光灿烂的夏日清晨，亨伯桥[2]拂开萦绕河面的雾气，于一片白茫之中缓缓升入眼帘。此景令我心头顿生“实为至美”之感。然而，我心中称得上“至美之物”的，还有 SR－71 黑鸟侦察机、阿斯顿·马丁 DB7 和兰博基尼 Miura，毕尔巴鄂博物馆[3]也占得上一席之地。

不过，在围着花园漫步、沉思良久之后，我认为最令人叹为观止、热泪盈眶，而又不禁为之扼腕叹息的人类杰作，莫过于 1965 年款的丽娃 Aquarama 游艇。

首先，它船首的角度和挡风玻璃的布置就颇显匠心。环绕式的挡风玻璃参考了风靡一时的全景式影院屏幕设计，这

---

1 凯蒂·普莱斯：英国女明星，被称为“波霸乔丹”。

2 亨伯桥，世界十大名桥之一，是主跨度为 1410 米的悬索桥，横跨在英国亨伯河上。

3 指毕尔巴鄂古根海姆美术馆，位于西班牙。

就是它得名“Aquarama[1]”的原因。

接着，雪白、青绿两种颜色的皮革船舱和精心打磨过的红木船体，呈现出珠联璧合、相得益彰的效果。整艘船的线条，最终收束于一个纤细、舒展的船尾。

要是说最美丽的人类造物应该都出自意大利人之手，你自然不会感到意外，毕竟在对美学的狂热追求这方面，他们要是称第二，就没有其他人敢称第一。那世界上有史以来的最美丽的造物实际上又是什么呢？是 1995 年款的本田思域？又或者是戴维·林利[2]牌的衣柜，亦或是布鲁内尔[3]所造的蒸汽轮船？别忘了，惠特沃斯[4]生产的步枪也该进入候选名单。

不过，当我再次围着花园沉思转悠了几圈后，我还是做出了定论——在一切由人类完成的造物中，最至臻完美、最精益求精的一件，就是 1965 年款的丽娃 Aquarama 游艇。它的时速能达到 50 英里，无论从哪个方面来看，它都是一条相当不错的船。

早在 19 世纪初，丽娃这一品牌就在意大利北部壮阔的伊塞奥湖[5]畔起家，开始经营造船事业。其初期的产品都很

---

1 这个名字由“Aqua”（水）和“Cinerama”（宽屏全景荧幕）组成，既体现了游艇性质，又凸显了挡风玻璃的特征。

2 戴维·林利（David Linley）：英国豪华定制家具品牌。

3 伊桑巴德·金德姆·布鲁内尔：英国工程师，曾主持修建铁路、蒸汽轮船和许多重要桥梁，对公共交通和现代工程等领域有着巨大贡献。

4 约瑟夫·惠特沃斯：英国发明家，19 世纪最优秀的机械技师之一。

5 伊塞奥湖：意大利北部湖泊，位于阿尔卑斯山南麓，四面环山，湖水汇集阿尔卑斯山雪顶融水。

简单，无非是一些坚固耐用的渡船。但不久之后，他们便把目光转向了“速度”这一概念上（这很有意大利风格）。

到了 1934 年，丽娃游艇已经能在水上跑得飞快，旗下的 1500cc 赛艇还创下了水上行驶速度的世界纪录。

二战过后，丽娃品牌的走向发生了转变。老里瓦先生——也就是丽娃家族企业的第三代传人——热衷于继续生产风驰电掣的赛艇，不过他的儿子卡罗・里瓦在见识到从美国引进的新型船只后，却萌生了另一个想法，那就是为休闲市场提供高端产品。

父子两人在公司发展路线这一问题上产生了重大分歧，争执不休，以至于在吵得不可开交时，里瓦夫人不得不拉架，亲身挡在互相咆哮的两人中间，以防事态恶化。而在一天晚上，卡罗突然跪倒在老里瓦面前，毅然决然地说：“父亲，您可以拿桌上的酒瓶砸我的头，也可以干脆杀了我。但无论如何，我都要走自己的造船之路。”

无可奈何的父亲最终还是答应了儿子，同意他来执掌自己的事业。在起步阶段，卡罗的运营状况并不乐观。当时许多想购置赛艇的船队认为，买了他的赛艇就相当于给丽娃品牌打了广告，所以纷纷要求享受折扣优惠。忍无可忍之下，卡罗直接将单价翻了一倍，把主顾们全都吓走了。短短几个星期内，他的赛艇便无人问津。

此时，他也变得身无分文，便去向依靠枪支发家的贝雷塔家族求援。在得到一笔资助后，他立刻前往了美国。

卡罗到达的第一站是底特律。他在那里和克里斯游艇公司[1]进行了洽谈——这家公司生产的每一艘游艇都让他倾慕不已。对方在礼貌地听完这位意大利小伙的合作请求后提出，只要他能一次性买下 50 台发动机，公司便乐意成为他稳定的发动机供货商。可惜的是，贝雷塔给他的资金只够买 6 台。

第二天，卡罗又找到了克里斯游艇公司。他耸了耸肩，说自己的确很想直接包揽 50 台发动机带回去，但因为二战过后意大利政府只允许一次进口 6 台。自己是万分抱歉，但也无可奈何，只能干着急。克里斯游艇的人终究是上了钩，对他的说辞照单全收。意大利小伙就这样把 V8 发动机搞到手了。

回国后，他却开始到处得罪客户。有一次，一位德国实业家来工厂参观后下了一笔订单。而当卡罗告知交货时间后，这位实业家却不合时宜地仰天大笑：“别傻了，你们意大利人怎么可能做得到！”结果就被卡罗轰了出去。

他还是个彻头彻尾的“偏执狂”。不同职位的员工必须身着不同颜色的大衣以作区分：木工区的穿红色，发动机舱的穿黄色，诸如此类。这样一来，要是他透过办公室窗户看见工厂里的“色彩”变得混杂，就能立刻知道有地方出了状况。

---

1 克里斯游艇（Chris Craft）：美国知名游艇公司，始创于 1874 年。其旗下有多款系列游艇，也是美国顶级游艇的代名词。

回忆起往昔时光，与他共事过的人都会一脸嫌弃地翻白眼。其中一位说道："记得有一次，我们通宵达旦，在公司的各款快艇图片中苦苦翻找，只为选出最适合做公共宣传的材料，直到天亮才找到一张。结果这时候卡罗跑过来把所有照片打乱，就是想看看我们能否两次都选出同一张图片。"

对待选照片都如此用心，正表明卡罗对造船也是一样地全心倾注。他选用最新款式的清漆，在船体上一遍又一遍地涂抹，循环往复，只为达到最佳效果。在意大利汽车业内，车身镀铬的厚度通常为 1.5 微米，而他的船却有 30 微米。他对品质的追求简直是走火入魔，以至于每一艘船在出厂、交付和入水之前，都要经历漫长的时间和流程。本来他打算在每台游艇上花费 1 500 小时——对于一艘休闲游艇而言，这样的工时已经称得上离谱了——但没多久，他花在每艘船上的时间都变成了 3 000 小时，有时还会更久。

因此，丽娃的产品享有"船舶界的劳斯莱斯"和"游艇界的斯特拉底瓦里小提琴"等美誉，也就不足为奇了。

尽管他生产精品的慢工细活和主打休闲游艇的经营目标并不协调，但他选择进军游艇市场的时机却是无懈可击，因为他的扛鼎之作"Aquarama"就是在 1962 年完成的。那正是丽娃品牌取得大跨步发展的年景。

在过去，游手好闲的富人们只会通过打打网球、翻翻书来消磨时间，仅此而已。直到有人挑起战争，他们才有唯一的乐子可看。但到了 20 世纪 50 年代末，他们突然发现，有了喷气式飞机和直升机，随时都可以来一场说走就走的旅行，想去哪儿就去哪儿。他们完全可以在圣特罗佩用早膳，然后前往圣莫里兹吃午饭，最后抵达圣奥尔本斯享受晚餐[1]。

这场新兴潮流的“震源地”或者说“五朔节花柱[2]”，是南法地区。这就意味着当地的那些大富豪们需要一艘船，而且必须是最出色、最高级的。于是，他们通通成为了卡罗·里瓦的上门主顾。

在随后的几年里，许多名人都成为了他的顾客，其中包括斯图尔特·格兰杰（英国演员）、约翰·巴里（英国作曲家）、雷克斯·哈里森（英国演员）、彼得·塞勒斯（英国演员）、碧姬·芭铎（法国演员）、弗雷迪·海尼根（曾任喜力啤酒董事会主席和 CEO）、索菲亚·罗兰（意大利演员）、琼·柯林斯（英国女演员）、纳赛尔（埃及第二任总统）、维托·埔柱（丹麦作家）、侯赛因（约旦哈西姆王国第三代国王）、费鲁吉欧·兰博基尼（兰博基尼公司创始人）、雷尼尔亲王（摩纳哥第三任国王）、罗杰·瓦迪姆（法国编剧、导演）以及理查德·伯顿（英国演员）。Aquarama 游艇简直成了上流社会的入场券，真是让人哭笑不得。

远在美国的克里斯游艇公司被丽娃的阵仗吓坏了，立即停止供应发动机。但这并不能阻止卡罗前进的脚步。他早已有了足够的条件自己动手造发动机，而且造得相当不错。

1 三地分别位于法国、瑞士和英国。

2 欧洲传统节日“五朔节”搭建的装饰柱，顶部绑有彩带和花卉，人们会以花柱为中心，拉着彩带载歌载舞，转圈而行。

最终，造船业将目光聚焦于坚硬且柔韧的玻璃纤维上，而卡罗却拒绝跟风。他曾告诉我说："我只用桃花芯木造船，就像意大利人如厕只坐木制马桶垫圈一样，雷打不动。"

他手下的员工也是同样的情感强烈、爱憎分明。有一天，在波托菲诺，一名丽娃游艇的销售员正在呵斥一个可怜蛋，因为他竟敢把自己那艘浮华的塑料游艇停进了港。"赶紧把你那破船开走！"这名销售厉声呵斥道，"波托菲诺可是一座文化名城，只有美丽的东西才能进！"

然而坚持并没有什么好处。塑料外壳的游艇开始逐渐占领市场，标价 25 万英镑的 Aquarama 看起来就是在漫天要价了。丽娃一路坚持到 1996 年，总共生产了 3 760 艘游艇。卡罗在那时就把公司出售给了维克斯集团[1]。这家公司曾引进过一款玻璃纤维的舱式游艇，并开始专注于改造卡罗原先的船只。

这次轮到卡罗惊恐万状了。他尝试买回自己老船的使用权，却吃了闭门羹。卡罗后来告诉我，这件事让他心如刀绞。

今天，你仍可以花 25 万英镑买一艘他回收的 Aquarama——居然和新船的价格一样。但价格已经无所谓了，因为你得到的依然是一艘有史以来操控性最棒的游艇。没有动力调节系统，也没有需要翻来覆去地调整和启动的装置，只有木质船体和两台 V8 发动机，而那已经是你所需要

1 维克斯集团（Vickers）：英国工程公司，1828 年成立，1999 年倒闭。

的一切了。

菲亚特集团的风流掌门人贾尼·阿涅利[1]曾接受过一个试驾挑战：如果有本事把这艘快艇给开翻，那这价值25万英镑的宝贝就归他所有。不过，哪怕是像贾尼这样不羁的人在掌舵，Aquarama驰骋在海面上依旧平稳如故，挑战也以失败告终。

我也曾尝试过开翻它。那是在伊塞奥湖，一个静谧的清晨，我本想以神龙摆尾的傲姿来个急速转弯，结果只溅起了几十斤湖水，还统统泼进了上空的直升机机舱——里面的人当时正在为我拍摄来着。这件事说明什么，我还真不知道，是我没能力挑战，还是他们飞得太低？可能两者都有。

但我很清楚的是，在我驾驶过的所有交通工具中，Aquarama仍旧是我的独爱，也是我最想拥有的。的确，要是给我一架F-15战机，我定然会乐得合不拢嘴，但我能开着它上哪儿去呢？超级豪华的Leander游艇看起来固然是波澜壮阔，但操作起来却略显繁杂。反观卡罗的Aquarama，虽然只是一叶“木舟”，却有着真实存在的吸引力。

作为一艘游艇，它能充分满足一切基本要求。而它不仅能带来休闲乐趣，还能带来极速快感，更是有着极致精良的做工和品质。当你开着它出海玩儿上一圈，上了岸再回头看着这台机器的时候，你一定会这样感慨——“我从未见过如此美丽之造物。”

---

1 贾尼·阿涅利：意大利富商、政治家，菲亚特前股东。

“千年隼”号宇宙飞船

人类发挥天马行空的创造力，构建了一个又一个广袤无垠的想象空间，也同样构想出了各种神乎其神的机器。从《2001 太空漫游》[1]中的“发现”号到《布莱克七号》[2]里的“解放者”号，能够冠以“最伟大”这一名号的宇宙飞船可以说是不胜枚举。

但实际上，争夺此名号的最终角逐，将会在《星际迷航》的联邦星舰“进取”号和《星球大战》的“千年隼”号之间展开。

要是比速度的话，还真有些无从下手。改建后的“进取”号能够以曲速九[3]的速度穿梭于茫茫宇宙，似乎已经是无可匹敌。但是“千年隼”号同样也配备了超光速推进器（Hyperdrive），那么究竟谁才会更胜一筹呢？要是能抽空安

---

1 英国作家亚瑟·克拉克所著长篇科幻小说，1968 年首次出版。

2 英国广播公司（BBC）于 20 世纪 70 年代推出的科幻电视剧。

3 科幻作品《星际迷航》中，“进取”号拥有“曲速引擎”，可以实现超光速航行。曲速航行的速率分为零至十级，而达到曲速二时就已经实现了超光速航行。

排个下午茶，叫上《星际迷航》的导演吉恩·罗登贝瑞和《星球大战》的导演乔治·卢卡斯一起探讨这个问题，肯定会相当有趣。但很可惜，罗登贝瑞先生早已驾鹤西归，这场论辩也就无从谈起了。

尽管速度方面难分高下，但在另一点上，二者却有显著区别：虽然“进取”号拥有迄今为止最为先进复杂的光子鱼雷和传送舱，但当它在《星际迷航 3》中被摧毁之后，船员们没有为它惋惜落泪，并且另外造了一艘新飞船。而“千年隼”号则是一艘永远无可替代的杰作。

不仅如此，《星际迷航》系列影片还会暗示最终胜利都是舰长和船员们的功劳，与他们驾驶的飞船无关。其实我也想说，这架飞船由一艘笨重的旧飞船改造而来，根本无法与具备隐形能力的克林贡战舰抗衡；哪怕是在全速前进的情况下，博格立方体也能轻而易举地追上来。没有柯克舰长和全体船员的机敏才智，它都得不到胜利女神的眷顾。

而在《星球大战》中，则是一幅截然不同的景象。汉·索罗和他的忠实搭档楚巴卡总会遇到不知所措的局面，同时还正在被敌人的死亡射线穷追不舍。在这种千钧一发的关头，“千年隼”号便会施展威力，带他们俩摆脱危难。这也让这艘飞船和 R2 - D2 以及 C - 3PO[1] 这两个机器人一样，有了人性和灵魂的光芒。

虽说如此，但我还是要说，索罗还是太莽撞了。同样是

---

1 R2 - D2 鲁莽、勇敢且憨态可掬；C - 3PO 多愁善感，略显神经质。

遭遇小行星带，《星际迷航》的皮卡德舰长只会开启四分之一的发动机脉冲功率，缓慢而谨慎地穿行；而汉·索罗则是选择走极端，直接开足马力，全速前进。

老实讲，“千年隼”号的配置相当精良：四门涡轮激光炮、一连串的冲击导弹发射器，还有无法被外界扫描到的内置走私货舱——这才是它诞生的初衷。

这艘船是索罗在一场牌局中从他朋友蓝道·卡利森那赢来的，然后就是这儿修修，那儿改改，最后还加装了双动力超光速发动机。不幸的是，整个翻修过程中的大部分零部件都是由伍基人[1]楚巴卡安装的。楚巴卡的形象设计来源于导演的宠物狗，并且它说着一口“百家语”，杂糅着海象语、獾语、熊语和骆驼语。这对于处理太空航行这种有技术难度的大事来说，可不是个通常的条件。

或许这就解释了“千年隼”号为何故障频出。而且索罗和义军同盟的伙伴们老是得对着仪表盘拳打脚踢，才能让不听使唤的系统正常运作。这些都让“千年隼”号有了缺点，也就是有了近似于人的特质，一如我在前言中说过的，那就是我乐于在人类所有的机器发明中寻觅和珍视的……

有次我到一个相当偏远的国家拍摄电视节目，剧组要求我们加入一群海外派遣工人和阿拉伯人之中，在迪拜城郊参与一场穿越沙漠的趣味驾驶竞赛——显而易见，我们得弄来

---

1 伍基人：《星球大战》系列作品中的种族，生活在丛林密布的卡希克星球。伍基人身材高大，浑身披盖着动物般的毛发。

几台车才行。于是我选了一辆路虎揽胜，把吉普牧马人和路虎发现分别留给了导演和摄制组。制片人则开上了一辆皮卡版本的丰田陆地巡洋舰。

那天的录制过程暴露出这群传媒从业者完全不擅长沙漠驾驶这门艺术。我们中的一些开过越野路况的人，多少有点常识——要尽可能以低转速行驶，这样才能利用发动机产生的扭矩脱离困境。个中关键在于要轻一点、慢一点。

要是在地面湿滑、树根丛生的英格兰，这或许还算是个锦囊妙计；但到了沙漠里，这个窍门就完全行不通了。在沙漠里，但凡你敢挂着低挡，想着让发动机咕噜噜地拖着你缓步前进，那么车子铁定会陷入松软的细沙而寸步难行。

我很快就摸清了门道。我知道我需要做的，是加速逃离。好比是你在一个月黑风高的午夜，刚刚从某个小区偷了一辆欧宝 Astra，你必须保持安静，尽可能保持低挡前进，但你又要迅速逃离作案现场，所以你必须狠踩油门，仿佛是达斯·维达[1]正在后面穷追不舍，举着光剑要取你性命一样。

但要是速度快过了头，你同样会陷入麻烦。当你快速冲上沙丘顶端，猛然发现另一侧的下坡像悬崖一样陡峭，这时候再想刹车就为时已晚。因此，你的车会踉踉跄跄地滑下车头这一侧的沙坡，然后陷在你自己制造的一场小型雪崩般的沙堆里。还有一种可能是，你的轮胎会和轮辋分家，或者某些重要部件会损坏。不管哪种情况，你都会和在沙地上挂低

1 《星球大战》中的反派角色。

挡缓行的结局一样，只能待在原地干瞪眼。

我们那一行人真是大出洋相。导演后背有过伤，开得和乌龟一样慢；摄影车也只敢缓行，毕竟他们后备箱里塞满了精密的摄像器材。而我则像脱缰的野马一样开车乱窜，纯粹是为了刺激好玩。不过到最后，我们一队人还是无一例外地陷入了沙堆中，动弹不得。

我们几乎全军覆没，除了制片人——大名鼎鼎的安迪·威尔曼[1]，虽然他并不精通驾车技术。尽管他有一双笨拙的“黄油手”，他竟一次都没有陷过车。我们推测，这可能得益于他的座驾，也就是那辆丰田陆地巡洋舰皮卡。

事实证明，我们的推测是正确的。哪怕轮轴已经陷入沙地，这台怪兽只需发出一声低沉的怒吼，便能输出充足的扭矩脱离困境，甚至还能顺带把一台同样陷在沙中的路虎揽胜给拖出来。它简直势不可挡。无论是多么陡峭的沙坡，还是多么崎岖的地形，它都不在话下。尽管发动机盖下只有一台过时的柴油发动机，它也能凭借自己的大梁底盘和原始的四驱系统化解一切难题。

但美中不足的是，它的颜值并不高。第一代陆地巡洋舰皮卡在崭新出厂时的外观就不尽如人意。而在十五年的勤恳效劳之后，它更是面目全非。满是疙瘩的轮胎历经风吹日晒，褪变成了灰色；原本锃光瓦亮的银色车漆也变得黯淡，

1 安迪·威尔曼：英国电视节目制片人，凭借制作《疯狂汽车秀》节目一炮走红，与作者共事多年。

满是划痕，锈迹斑斑。

我想说，和陆地巡洋舰皮卡如此相似的，我曾遇到过的最可喜可爱的最佳机器之一，就是——

“千年隼”号。

亲眼看见“千年隼”号的道具实物后，我觉得它也不怎么好看。在筹备拍摄《星球大战》时，导演乔治·卢卡斯曾构想了一支线条平滑的火箭作为“千年隼”号的原型，不过他的那项原创设计和《太空：1999》[1]里出现的飞船惊人地雷同。于是他又回到了“绘画板”前——其实就是坐到了当地的一家汉堡店里，准备重新设计。

正是在那家汉堡店里面，他与“千年隼”号的设计灵感不期而遇。没错，“千年隼”号的外观就像是一个<u>汉堡</u>；至于上面那个奇特且突兀的驾驶舱，则源于从汉堡中漏出来的一块橄榄。

你想知道它发出的噪声是怎么回事？这个嘛，不过是在1976年奥什科什航空展中一些试验性飞机的录音罢了。那些战斗场面呢？其实都是主创们照着电影《633轰炸大队》[2]里的场面仿制出来的，尤其是《星球大战4》结尾峡谷追逐战的场景。

这些手段无不让电影观感更加逼真，但真正锦上添花的却是“千年隼”号的模型本身。与那些挂在电线上的小道具

---

1 意大利和英国于1975年出品的科幻电视剧。

2 《633轰炸大队》：英国经典二战电影，上映于1964年。

和电脑建模出来的图像不同，这个模型是实体，而且很大：足足5英尺（约1.5米）宽，每一处细节都是完美呈现。

这就是为什么，即便它只是个模型，但是还有很多和妈妈住在一起，晚上只会在阁楼上翻看犯罪案件杂志的怪咖坚信“千年隼”号是真实存在的。

他们对电影细节逐帧做了分析，最后得出“千年隼”号直径27米，高6.9米，体积4000立方米。而假设整个体积的95%都是空气，飞船的剩余组成部分均由铁构成，那么“千年隼”号就和联邦星舰“进取”号有着同样的密度。真是惊人啊。

还有个科学怪咖更是夸张。当“千年隼”号被一场在普通人看来只是一阵绿光的爆炸击中后，他做出了如下评论：“在非相对论转速条件下，物体的旋转动能为0.51的平方，所以‘千年隼’号挨的那一下，给它增加了3.902×10^{8}焦耳的旋转动能。然而，碰撞背后的物理现象涉及的是线性动量或角动量守恒，而非动能守恒，毕竟后者只出现在弹性碰撞中。”

所以绿光没有质量，只是纯粹的光能，有点意思。但其实这根本没有任何意思。

当然了，正常人可不会把《星球大战》拆成无数张演示文稿来研究。我肯定是一口气看完的，这一系列电影的确令人叹为观止。在浩瀚的太空中，来自不同世界的物种展开激战，而每一个世界都要比柯克舰长发现过的一切更加奇诡。

这就是《星球大战》的乐趣所在。它带领我们踏上一场怪诞的奇幻之旅，又能让我们接受所有天马行空的设定，毕竟剧情本身走的还是老一套：一边是黑暗领主，另一边是公主和她的骑士团，而夹在正邪两派中间的，就是令人怜爱的小流氓汉·索罗和他那似猴似狗的宠物，以及那艘破旧而又神奇的飞船——“千年隼”号。

全世界的小男孩们都知道，在一场超人、詹姆斯·邦德和终结者的三方较量中，胜出者一定是詹姆斯·邦德。在《星球大战》中也是同理——在一场“进取”号、“黄貂鱼”号、“雷鸟 2”号和“千年隼”号的角逐中，占据绝对优势的唯有“千年隼”号。我十分确定一定以及肯定。“全剧终”。

船身式水上飞机

1939 年 3 月 14 日，帝国航空公司[1]的水上飞机“海盗船”号已经从南非德班出发，向着英国南安普敦溺湾方向行驶了两天之久。

这并没什么好奇怪的。由于船身式水上飞机每天都要降落数次以让乘客在陆地上享用晨间咖啡、午餐和下午茶，所以这场旅途需要花上五天时间。那个时候，坐飞行器旅行还是件很有档次的事情。

但在这次旅程中从乌干达飞往苏丹的航段里，一切都乱了套。当时的驾驶员姓阿尔科克，但可别搞错了，他只是那位大名鼎鼎的单机单程飞越大西洋第一人[2]的兄弟[3]。这位阿

1 帝国航空公司：成立于 20 世纪 30 年代，专注于为英国及其在全球的殖民地提供航空运输服务。二战期间帝国航空为英国运输战时物资和人员，战后重组为英国海外航空公司（BOAC）。

2 指的是约翰·威廉·阿尔科克，英国皇家海军和英国皇家空军军官，曾在 1919 年驾驶飞机完成了单程飞越大西洋的挑战，同年 12 月于法国一场飞行事故中丧生。

3 指爱德华·萨姆森·阿尔科克，约翰·阿尔科克的弟弟，时任英国皇家空军上尉。

尔科克将飞机调至自动驾驶模式后就跑到了客舱里，和乘客们唠起了家常。

估摸着时间差不多后，他才回到驾驶舱，却发现本应出现在视野里的降落区竟不见踪影。他以为自己飞过头了，便掉转机头原路返回，但一路上目之所及只有丛林和沼泽。4小时的徒劳后，燃油已经见底，仅够维持 15 分钟的飞行。阿尔科克意识到自己必须尽可能找一条长直的水道，让“海盗船”号和机上 13 名乘客安全降落。

但他最后找到的水道只比水上飞机的翼展宽一点点。尽管如此，他还是成功迫降。机身撞上了一块突出水面的礁石，差点直接让发动机熄火，让飞机停了下来。眼看河水汹涌地灌进机舱，他开足马力把“海盗船”号冲上了沙滩。

所幸，全体成员无人受伤并且很快获救。还有一位火速赶来施救的比利时传教士[1]，为所有人提供了住处，真是一场奇迹。故事讲完了。

但故事并没有结束。1939 年那会儿，“海盗船”号可是最先进的水上飞机，因此它的主人们决定，与其让它报废并再花 5 万英镑买一架新的，不如把它打捞、修缮一番，再让它重焕生机。

英国作家格雷厄姆·科斯特的作品《海盗船镇》以浪漫唯美的口吻讲述了这个故事。但最后的结局是，这架飞机经

1 “海盗船”号发生事故的地点在今刚果民主共和国，当时为比利时殖民地，当地的比利时官员身兼在殖民地传教的职责。

历了一次修补，却依然在起飞时发生了触礁。所以人们不得不对它再次进行了修复，哪怕当时国内战事正酣。修复水上飞机可是个不小的工程，而且正值枯水期，要让“海盗船”号重新起飞，就需要大量工人在河上筑坝作业。人们的到来形成了一个新村镇，名字就叫“海盗船镇”。这镇子至今还在。

我认为这段战时背景的史诗故事完全可以拍出一部波澜壮阔的电影。本·阿弗莱克曾在《珍珠港》中单枪匹马打赢了不列颠之战，所以能够完美胜任爱德华·阿尔科克这个典型的英国角色；比利时传教士和他的妻子则可以分别由尚格·云顿和婀娜多姿的妮可·基德曼饰演。

显而易见地，在热浪如潮的非洲，本和妮可肯定会一发不可收拾地坠入爱河。本竭尽全力操控飞机脱离险境，妮可会为他筋肉虬结的壮硕背脊而神魂颠倒；本也同样会着迷于妮可的曼妙身材。至于尚格·云顿，或许上场没多久就被狮子吃掉了。

但不管剧情走向如何，或者主角由谁饰演，这部电影的焦点必须是那一架船身式水上飞机。你看，“海盗船”号，正如所有的水上飞机一样，是多么可爱迷人。一部分原因是它们那魅力四射的空中姿态，也有一部分是因为它们功能齐全却泛而不精。这正是它们身上最具人性的特征——缺陷。

首先你要知道，船身式水上飞机的重点在于“船”。可不要把它们和一般的水上飞机混淆，因为后者只是把普通飞机的轮胎换成了一对浮筒而已。而船身式水上飞机则是真正

“长”了一双翅膀的船，其下方的机体就是船身，因此驾驶它的时候也需要遵守所有普遍的海事法则。比如，在某国水域着陆时，必须要挂上对应的国旗。

船身式水上飞机于 20 世纪 20 年代问世，可以说是完美赶上了时代。毕竟当时的机场建设方兴未艾，需要大量土木工程和推土机的支持，而仅仅是在一场阵雨过后，这些工程机器就会变得泥泞不堪、无法运作。别看现在的希斯罗机场和盖特威克机场都是国际大型机场，当初的它们还是小村庄呢。

而且由于世界上四分之三的面积都是海洋，所以不管是紧急迫降，还是正常着陆，水面都可以作为一条跑道使用。

美国是世界上第一个把可在水面起降的飞行器的概念真正落地的国家。在航空业先驱和泛美航空创始人胡安·特里普的鼓励下，美国人研发出了三种型号的船身式水上飞机并投入使用，而当时其他国家都还不知道这种飞机为何物呢。

人们称它们为“快船”，其名取自于十九世纪的帆船。“快船”同样是了不起的造物。比如波音 314 水上客机，拥有 74 个座位和 36 个铺位，一个餐厅，一间豪华 VIP 包厢，还有更衣室和酒廊。这让横贯欧洲大陆的“东方快车”相形见绌，显得就像牛车一样简陋。

当时只有最时髦也最大胆的人才能驾驶这样的机器。在那个牙医的年薪只有 2 000 美元、买一辆全新的庞蒂亚克也只要 500 美元的时代，船身式水上飞机驾驶员一年的工资竟高达 8 000 美元。这意味着他的岗位与乘客们的座席一样炙手可热，毕竟那些富豪们可是花了 500 美元上来享受服务的——这可是笔不小的数目，相当于今天的 7 500 英镑。

好吧，尽管美国这群庸俗的暴发户在船身式水上飞机方面领了先，但我们英国人绝不会任由他们继续高歌猛进。于是，一个计划便悄然诞生……

英国邮政大臣在 1934 年发布新规，要求所有一等邮件必须空运。任何一家想要投资长距离运输机的飞机制造商或航空公司都会因此获得一笔可观的收入。于是帝国航空公司立刻动身去寻找一架能够飞遍全球的飞机。随后，英国飞机制造商肖特兄弟公司给出了答案——帝国水上飞机。

由于飞机的命名目录只剩以字母“C”开头的可选，它们便都得名为“C 级”。“海盗船”号（*Corsair*）就是其中一员。它们都是可爱的造物，但令人难过的是，在美国竞争对手面前，它们的表现却不尽如人意——只能容纳 24 名乘客，最大航程也只有 700 英里。

但这样的配置已经足够为大英帝国效劳了。试想一下，在 1939 年那会儿乘坐这么一架光彩夺目的机器前往澳大利亚或者印度，途中每隔大概三小时就可以抵达另一个国家，同时进入另一个时区，在那里歇歇脚，吃些点心再喝杯茶什么的，光是想想都觉得刺激。

不过美国人当时已经是遥遥领先。他们的船身式水上飞机不但可以横跨太平洋，还在当年 3 月 26 日完成了跨越大西洋的壮举。我们的机器只是小马驹，虽然它们可爱又迷人，可相比之下，他们的水上飞机就像是凶悍的赛马。事实上，美国人那会儿一共有西科斯基、波音和卡塔琳娜三款“赛马”，所以他们马上就可以让自己的航线覆盖全球，借此拉近世界各国人民之间的距离。

很遗憾，事情并没有按照预期去发展。因为仅仅五个月之后，希特勒就发兵闪击波兰。整个世界卷入了战火。

早在战争准备时期，英国军方就已经意识到水上飞机的军事优势，并委托肖特兄弟建造了“桑德兰”号——它本质上也是一艘船身式水上飞机，只不过里面的茶座被替换成了机炮。

和德尔提克火车头、航天飞机、波音747这些最具人性的机器一样，“桑德兰”号的挡风玻璃出现在机头上的样子，使它的正面看起来就像一张栩栩如生、浓眉大眼的面庞。你知道吗？它甚至还有表情——一副哭唧唧的脸。

战争爆发时，我们一共有40艘“桑德兰”号水上飞机，每艘都配有三门7.7毫米机炮，机头一门，机尾两门。此外，它们还拥有2 000磅的武器载量，支持装载航空炸弹、地雷和深水炸弹。难怪德军U型潜艇的船员们会将之称为“飞天豪猪”。它们浑身的杀器，好像豪猪竖立的棘刺，一副杀气腾腾的态势。

不过还是要提醒你一下，它们并非完美无缺。在这些水上飞机刚投入战争的时候，炸弹有时会在低空投掷的情况下，一接触到水面就反弹，砸向它们自己并将其击落。而水上飞机的水上着陆也意味着，驾驶员需要在眨眼间的功夫里，从一名飞行高手变身为一名能够感知洋流的老水手。毫无疑问，想操作好这台机器，绝不可能像在公园里面散步一样简单。

随着战事不断推进，船身式水上飞机不仅配备了更强劲的发动机，也加装了更先进的雷达，这对于拥有长时间续航能力的水上飞机而言无疑是如虎添翼。尽管存在一些缺点，它们依然成为了英国军备中独一档的反潜武器。

在长达五年的对敌作战中，“桑德兰”号一共干掉了 28 艘德国 U 型潜艇，并协助友军击沉了另外 7 艘。尽管德军没有选择坐以待毙，给潜艇装备了防空炮，但也收效甚微。不过有一次，他们还真用高射炮把一架“桑德兰”号打成了筛子。机组成员深知大势已去，便不再同对手周旋，而是选择径直冲向潜艇，与敌人同归于尽。

最终，大西洋之战演变成了一场飞机雷达和潜艇反雷达装置两种科技之间的较量。在这场比拼中，英国攻无不克，战无不胜。

而令人惊讶的事实是，“桑德兰”号不仅是一座能够发现目标就能即刻将其摧毁的空中监听站，也是一架相当出色的战斗机。

1943 年 6 月 2 日，一架形单影只的“桑德兰”号在巡逻时，突然遭遇至少 8 架德军容克 Ju－88 战斗机的突袭。现在看来，哪怕德军没带脑子和眼睛，八个对一个的战斗也会是百分之百的胜局。我是说，在不考虑其他因素的前提下，德军驾驶的是正儿八经的战斗机，而他们的对手开的却是曾经充当过邮局货车的水上飞机。

在第一轮交火中，“桑德兰”号就遭到了猛烈的炮火袭击，不仅前置机炮直接报废，无线电也在第二轮攻击中损坏。而紧随其后的每一轮攻击都加剧了机体的损毁程度。机组成员也陷入了困境——一人阵亡，其他人也受了不同程度的伤。

但我们并不是一直在被动挨打，每轮的交战也让德军损兵折将，到最后他们被打得只剩两架。对手决定落荒而逃，留下千疮百孔的“桑德兰”号无比艰难地回到了康沃尔，终于在一片沙滩上安全着陆。

这可是场以一对八的战斗啊，哪怕是“喷火”战斗机也做不到。

不幸的是，虽然这些水上飞机在外奋勇征战，确保了从美国到英国的补给线通畅，但回到国内，它们的前途却受到了威胁。

战后，英国已经是机场遍地，这些曾用于停放大量战斗机和轰炸机而匆忙修建的设施，现在纷纷空了出来。于是，也就没有必要让飞机在海上降落了。现在，装有轮胎和喷气发动机的新型飞机完全可以在伦敦市郊 6 英里开外的地方降落。

许多年来，人们一直都在尝试研发搭载喷气发动机的水上飞机。苏联的“里海怪物”[1]就是其中之一，美国人也同样

1 苏联阿列克谢耶夫中央设计局利用翼地效应设计的地效飞行器。由于外形庞大且发现于里海，所以北约就给它取了这样一个绰号。

做过各种尝试。可是老实讲，所有人都很清楚船身式水上飞机的时代已经落幕——除了一家叫“桑德斯·罗”的公司。

在机场让航空旅行焕然一新的大环境下，这个位于怀特岛[1]的小公司决定做出最后的一搏，决心造出一架真正称得上雄伟壮观的水上飞机。他们的构想并不是那种只是插了一对翅膀的跨海渡轮：而是一艘拥有 105 个座席，名为“公主”号的庞然大物。

虽然听起来像是天方夜谭，但毕竟桑德斯·罗就是以不拘一格的创新而闻名的。他们过去曾造过直升机、火箭助推型战斗机、气垫船和太空探测器。所以尽管水上飞机已经是日薄西山，当他们号称要造一架搭载 10 台发动机和 6 副螺旋桨，总重达 32 万磅（约 145 吨）的巨型水上飞机时，政府当局只说了一声“没问题”，随后就批下了 1 000 万英镑的资金。

它将成为世界上有史以来最大的飞机：拥有 220 英尺（约 67 米）宽的双层空间，所有豪华生活设施一应俱全，一个个高级化妆间、高档餐厅，全都在内。说它是飞在天上的布莱尼姆宫[2]也不为过。

这个项目最后没有半途而废，倒是让我深感意外。为了造出心目中那一架惊艳世界的飞机，桑德斯·罗的工作人员

---

1 怀特岛位于英国南部海岸近海处，与大不列颠岛之间以索伦特海峡相隔。岛上气候温和，是不列颠群岛中阳光最充足的地区之一，利于飞机制造业和造船业。

2 别名“丘吉尔庄园”，英国园林经典之作，世界文化遗产之一。

实在是全身心地投入其中，而且他们最后造出来了不止一架，而是三架。1952 年 8 月 21 日，这个大块头竟然真的飞了起来。这更是让我瞠目结舌。

那次测试本来只需要检验它在跑道上滑行的操控性能，但试飞员杰弗里·泰森将 10 台发动机尽数发动，这台巨兽就那样腾空而起。很久之后，当人们问起他为什么要那样做，泰森答道："我感受到她对苍穹的渴望，于是便应允了她。"

等它实际完成了十余次试飞后，才有人意识到，这种飞机的发展道路完全错了。飞机旅行的未来在于亲民、廉价，不再只属于贵族阶层。这意味着客舱里会有三四百名乘客像沙丁鱼一样紧凑地挤着，而不是只有 105 个人慵懒地躺在沙发上。结果就是整个项目被直接叫停。

许多年以来，这三架巨物一直都守候在怀特岛的码头旁，饱受风吹日晒，身躯渐渐朽烂。人们也一直很好奇，想知道它们最后将何去何从。有一回，美国国家航天航空局表示有兴趣接手，觉得可以拿它们来运输"土星 5"号火箭；另外还有一些"点子王"提议，它们可以作为核动力飞机的测试平台。但是，它们终究没能找到下家，只能被大卸八块，沦为一堆废铁。

我曾亲眼见过一艘"公主"号船身式水上飞机，它在我心中留下了久久不灭的印象。普通船身式水上飞机只不过是在起落架外观上做了点儿功夫的绣花枕头，而"公主"号看起来真的就像一艘带有龙骨的巨型轮船。尽管那会儿我还只是个 7 岁的小孩，但我向你保证，它绝对，绝对是个可怕的巨无霸。

它与协和超音速客机一样，都是战后英国行事与历史趋势背道而驰、南辕北辙的典例。当你在一座豪华古宅中见到如此壮观的庞然大物，难免会好奇究竟是什么让那些贵族们鬼迷心窍，造了这么个玩意儿出来？但你永远都不会认为，它一开始就不应该出现。因为它的诞生并不是个错误。

“大不列颠”号蒸汽船

1936年，福克兰群岛（阿根廷称马尔维纳斯群岛，下同）总督亨尼克·赫斯顿发觉，停泊在斯坦利港（阿根廷称阿根廷港，下同）的那艘驳船实在是太过老旧，无法继续充当存放煤炭和羊毛的海上仓库。于是，人们把它拖到了海风萧瑟、荒无人烟的麻雀湾[1]，在它的吃水线下方打了洞，任由它搁浅直至腐朽殆尽。

何其哀哉。这艘破旧锈蚀的巨物根本就不是什么驳船。航海生涯开始时，它还是伟大的“大不列颠”号，所有远洋轮船中最令人惊叹的一艘。

无论是船体规模、行驶速度抑或豪华程度，它都与“最”字无缘。可它代表的是“首创”——从制造出来的那一刻起，就领先时代五十年。“大不列颠”号是跨越世界上最危险的海域——北大西洋的第一艘配有螺旋桨和铁质外壳的蒸汽船。

环绕着南极洲的南冰洋环境最为恶劣，波涛怒号，狂浪

1 麻雀湾：位于斯坦利港东北部，是一个大型的野生鸟类栖息地。

排空。尽管如此，在那里你至少还能知道下一秒会发生什么。在地球上所有海洋中，北大西洋是最喜怒无常的，它能用你从未设想过的方式吞噬你。前一刻还风和日丽，当你以为这会是场平静祥和的旅程时，下一秒你就会发现自己正置身于《完美风暴》[1]里把乔治·克鲁尼折腾得死去活来的滔天巨浪中。而且这还得有个前提——你已经在大浅滩[2]上空持续数月久久不散的浓雾中设法避开了其他船只，也没有在六月到九月遇上那些从格陵兰岛漂流南下的冰山（但有时冰山也会在其他月份出现，主打的就是一个出其不意）。

只要提到这片横跨3 000英里的海域，我们脑海中就会出现“泰坦尼克”号[3]，进而为事故中逝去的生命悲叹。1 500条人命没入冰冷刺骨的汪洋墓穴，寒寂的海面替他们合上棺盖，一切都葬送在了那场可怕的事故中。但其实不然，它不过是死神那骇人生死簿里某个章节中的一页薄纸罢了。

从历史记载可以得知，18世纪那会儿，英法两国在美洲发动了一场战争[4]，其间各种人员、信件和物资在新旧世界之间有条不紊地传送，航海似乎就像乘坐火车旅行一样便

1 沃尔夫冈·彼得森执导的惊悚片。该片改编自同名纪实小说，讲述一艘捕鱼船在大西洋上遭遇百年罕见的风暴，全体船员与之搏斗的故事。

2 大浅滩：位于加拿大纽芬兰岛东南部。由于此处海底地形乃北美洲大陆架上的海底高原，海水深度相对较浅。

3 “泰坦尼克”号沉没于1912年。

4 指美国独立战争。

利。但事实并非如此。在哥伦布发现新大陆之后的三百年内，成千上万的航海者在追寻其足迹的途中殒命。据估计，仅仅是在英国海岸附近沉没的船只就有 25 万艘。1839 年，议会估计每年有 1 000 人死于海难。

从那段险象环生的跨洋旅途中幸存下来的人们分享道，他们曾遭遇过比楼房还要高大的冰山、高达三十几米的巨浪、速度接近每小时 200 千米的狂风，还有如同深渊大口一般的海上旋涡。他们口中的大西洋，简直是一个穷凶极恶、白浪茫茫、冰冷刺骨、阴郁灰蒙的水上地狱。

到了 19 世纪，工程学为人们带来了奇迹。这个学科的概念最早在法国提出，由一群在各种意义上都“聪明绝顶”的人围在一起，共同探讨那些新发明的可行性。而后来接受这些方案并将之实际用于开采煤矿、铸造钢铁和生产机器的，是我们英国。

现在要是随便把某个人送回 1840 年的英国逛上一圈，他肯定不会相信自己的眼睛：当世界上其他地方还在用帆船和牛车的时候，英国已经出现了工厂、蒸汽机和火车，就好比今天的我们在某个国家见到了星际旅行飞船和穿着宇航服的太空狗。当时的我们屹立于世界最前沿，遥遥领先，无人能望其项背。

这场进步之路的带头人，是工程师伊桑巴德·金德姆·布鲁内尔。他在工程学领域的“处女作”是一条横贯泰晤士河的水下隧道，这也是史上第一条在河床下开挖的隧道。随后，他又设计了克里夫顿索桥以及英国大西部铁路线。那条铁路线也被称为“布鲁内尔先生的台球桌”。

在与大西洋的斗争中，当时的工程师们都非常谨慎，不敢把自己的技术知识投入实战。他们虽然造出了能够为船提供动力的机器，但还是举足不前，担心再大、再厚实的锅炉都无法应对大自然的洪荒之力。投资商们也同样望而却步，害怕自己投入的资金到最后全部打了水漂。

此外，人们总会觉得，要想保证锅炉有充足的燃料供给，那么船上每一寸可用的空间都必须用来堆放煤块，也就没有地方留给货物和乘客了。这样一来，整个项目的实际意义便荡然无存。

“哼!”布鲁内尔不屑一顾，随后便开始行动。他告诉大西部铁路线的金主们，自己的想法如下：先在帕丁顿火车站（是他主持修建的）上车，一直坐到布里斯托尔的坦普尔梅兹站（也是他主持修建的）下车，然后在那里的浮动码头（同样是他的工程项目之一）搭乘蒸汽船——也就是他计划中的下一个造物——最后前往纽约。

这个造物就是“大西方”号桨轮蒸汽船。虽然它的首航可能只有寥寥几位乘客，但他们无不为这艘新奇的交通工具所震撼。“它行驶起来就像发疯了一样。”一位乘客在他的日记中写道，“那种姿态和我见过的所有生物都迥然不同：它哼哧喷气的模样像鼠海豚，乘风破浪的势头如海马，匆匆掠过水面的身影则好似飞鸟。”

他的描述听起来相当美妙，但实际的乘船体验却并非如此。烟囱吐出的烟雾把所有人的衣物染了个黢黑，其中夹杂的煤渣也无一例外地在乘客的头发中安了家，甚至让乘客们“火冒三丈”——字面意义上的火冒三丈。此外，这艘船还将动物脂肪作为润滑剂使用，也就意味着它充斥着一股炒糊了的荤油味。要是你恰好还晕船的话，那可就麻烦了。

可是抛开这些不谈，“大西方”号仅在十五天内就完成了航程，创下了英美两国之间最快航行的记录。

“太棒了!”全世界都为之欢呼喝彩。人类曾战胜了广袤大地，而现在又征服了汹涌波涛。蒸汽船的时代已然到来，从此全人类将一往无前。

只可惜事与愿违。为了同“大西方”号竞争，有一家公司造了艘名为“总统”号的轮船。布鲁内尔当时就觉得那艘船过于笨重，后来他的看法也得到了证实——它花了十六天才抵达美国，可惜比“大西方”号多了整整一天。返程时的情况则更加糟糕，因为它压根就没回来。整艘船，连带 110 条人命就这么不明不白地消失了。紧随其后的，还有“太平洋”号的失踪事故，造成了 186 人遇难。

当时的人们长期为沉船问题所困扰，但那和神秘莫测的百慕大三角并无任何关联。那会儿没有无线电，也没有搜救直升机和雷达。虽然船只都有确切的出发时间，但在天气因素的影响下，没人能给出具体的到达时间。乘客的亲戚们在码头边翘首等候，盼望着一缕船烟出现在海天相接的远方。报纸每天都会刊登未能返航的船只信息，但随后便再无任何跟进报道。这就意味着，没人能够活着告诉我们，在离岸数千英里的地方，眼看着自己乘坐的轮船渐渐被冰冷的海水吞噬，是多么可怕。

但也并非没有幸存者为我们讲述这段可怖的经历。1854年，“北极”号蒸汽轮船在大浅滩水域行驶，船上搭载了281名乘客，其中包括许多妇女和儿童。当它全速前进以冲破雾堤时，却一头撞上了一艘名为“维斯塔”号的法国蒸汽船。

一开始情况还在可控范围内。轮机长改变了水泵的运作方式，选择从舱底而非海里抽水，进而将发动机变成了一个强劲的水泵，但这依然不足以挽回局面。随着海水灌进船头，轮船开始前倾下沉，船员们弃掉笨重的船锚和锚链，将所有乘客集中到船尾以平衡整艘船的姿态。

绝望的船员们尝试用床垫和枕头填补木质船体上的漏洞，但你想也想得到，区区几块枕头怎能阻挡大西洋的洪流？全船一共434人，而救生艇只能容纳40人，并且另一边的“维斯塔”号也同样是危在旦夕。考虑到这些，船长下令将蒸汽机开至最大马力，只盼能够把船开到60英里外的陆地上。

几乎是一瞬间，开足马力的“北极”号就掀翻了一艘“维斯塔”号的救生艇，艇上只有一个人幸存下来。随后，一切都乱了套。船体深处，看着舱内激增的水位将手中的工具吞没，司炉和机修工心知肚明：这场与时间赛跑、往海岸狂奔的求生之战，自己必败无疑。

看过电影《泰坦尼克号》的都知道，船员们会在危难时刻维持秩序，优先让妇女儿童登上救生艇。但当时的“北极”号却上演着另一幅画面：愤怒的船员拒绝听从船长的命令，像一群持刀的暴徒，发疯般地涌上甲板。在一片混乱之中，轮机长带着他的九个跟班抢来一艘救生艇，卷着食物、水和雪茄仓皇而逃。大难临头，人人为己，唯有适者才能生存。人们用一切能够找来的物件制作筏子，但还没等他们做好就被那群暴徒给夺走了。

153 名船员中，包括船长在内共有 61 位获救；而 231 名乘客最终只有 23 人死里逃生，勉强幸存。

随着灾难的消息广泛传播，人们因船员的丑恶嘴脸和乘客的惨重伤亡怛然失色。一夜之间所有人都坚信，死于沉船事故是想象中的最糟糕的死法之一。那是一种巨大的恐惧，也是一种彻底的绝望——当你已经明知自己和孩子们将会痛苦地死去，而你却束手无策，无力回天。正是在这样的背景下，“大西洋”号横空出世。

虽然“大西洋”号是艘了不得的轮船，但不幸的是，它的船长却是个不得了的酒鬼。在一次出航前，他认为装载的燃煤绰绰有余，可惜当时威尔士人正在闹罢工，所以船上就用不了效率高且耐用的威尔士煤，他只好选择不经用的兰开夏煤以作替代。等到这艘巨轮开到令人生畏的大浅滩时，轮机长就传来噩耗——燃煤恐怕是快用完了。

船长想要准时到达纽约，于是命令所有发动机全速运转。他计划到哈利法克斯港[1]重新添上些燃料，最后再准时

1 哈利法克斯港：加拿大东南部的一处重要海港。

抵达美国纽约。

很不幸，他并不知道自己的方位，也没有准备把船停下来去测量水深。因此，在那个视野开阔的晴朗夜晚，当轮船以 12 节的速度在加拿大触礁的时候，他或许和船上其他人一样吃惊。

当时正值欧洲人移民美国的高峰期，这意味着船上人数多达上千。

在不到 6 分钟的时间里，船只就几近沉没。许多人不得不爬上桅杆，尽管要顶着呼啸的寒风、承受着刺骨海浪的拍打，他们依然死死地抓着桅杆不放。一些船员认为他们还是有机会上岸，便尝试将一根绳索固定在 40 码开外的礁石上。他们做到了，于是有 200 人艰难地爬到了他们自认为很安全的地方。

但由于天气过于恶劣，最后只有很少一部分人咬牙坚持着从礁石游到了岸上。剩下的人在当地渔民清晨出海之前就已经冻死了，终究没能等来救援。据估计，当晚共有 585 人遇难，而和“北极”号海难一样，船员的幸存率远高于游客，“大西洋”号的 146 名船员中有 94 人存活。

然后还有“格拉斯哥城”号。跟以往的事故不同，它遭遇的是一场火灾，船上大部分救生艇在放下去之前就已化为灰烬；而那些被绞盘放入海中的救生艇，却被依然在飞速运转的轮桨搅了个稀碎。最后共有 471 人遇难。

当整个世界知悉“泰坦尼克”号沉没的消息，人们并没有只是耸耸肩以示司空见惯，没有轻描淡写地来一句：“啧，怎么又沉了一艘。”老实讲，我对大家的反应挺惊讶的。

但是细想想，“泰坦尼克”号的事故之所以让国人刻骨铭心，大概是因为在这一次海难中，船员们竟然都尽展绅士风度，没有踩在女士们头上争抢救生艇席位；又或许是因为“泰坦尼克”号曾被号称是“永远不会沉没”的巨轮；还可能是因为这艘船在处女航就遭遇横祸；再或者，也许只是最后那令人愕然的数字——1 200 人遇难，简直是闻所未闻。

大多数海难事故都在历史长河中渐渐被淡忘，而“泰坦尼克”号的悲剧却能为人们所铭记。我认为主要原因在于它发生于 20 世纪。那个时期的远洋旅行对一个人来说，已不再是一场既危险又遭罪的体验，而是他一生中度过的最奢华的时光。

在蒸汽船时代初期，你有三种横渡大西洋的选择：一是走极致奢华路线的美国柯林斯轮船公司，二是面向移民者的廉价又欢乐的英曼轮船公司。而介于二者中间的，是唯独崇尚“明智之选”的冠达邮轮公司。在 19 世纪末 20 世纪初那会儿，整个远洋旅游业在接二连三的海难中饱受打击，而冠达邮轮的每次航班都能将自己每一位乘客平安送达目的地，的确是了不起。

而且，即便他们在 1915 年遭遇了第一次海难，该要负起责任的也并不是冠达邮轮公司。那场灾难的罪魁祸首既不是粗心大意也不是管理不善，而是一枚德军的鱼雷——它击中了“卢西塔尼亚”号，最终导致 1 201 人丧生。

随着时间的推移，各路蒸汽船商纷纷加入，把整片海洋变成了角逐公民和国家荣誉的赛场。每一艘滴淌着香槟[1]入水的新邮轮都必须比前一艘更快、更奢华。德国船要赶超美国船，法国船要超越英国船，而以冠达邮轮为首的英国船，则要干掉所有竞争对手的船。

尽管这些经营海上巨轮的公司永远都不会承认自己在和其他公司竞速——毕竟谁都不想让别人觉得自己公司会拿乘客的安全开玩笑，但是，那些轮船依然在一个接一个地铆足了劲儿地互相追赶，它们经常会连续好几天都在并驾齐驱，全速前进。

而甲板上的乘客则会打赌哪一艘船能赢。一旦自己“下注”的船占据了领先地位，他们就开始大吼大叫，口出狂言。有一回，“纽约城”号和“条顿”号之间展开了一场史诗般的对决，两艘船完成了3 000英里的竞速航行，先后冲过纽约终点线的间隔只有短短9分钟。

然而，那些疯狂的竞速比赛最后被冠达邮轮旗下的“毛里塔尼亚”号所终结。它是“卢西塔尼亚”号的姊妹船，全长600英尺（约183米），配有4台螺旋桨推进器，即使是在满载2 165位乘客的工况下，它的速度也能让其他对手望尘莫及。如果是正常穿越大西洋，它的平均速度也能达到25节（约每小时46.3千米），简直让人难以置信。

可不要以为当年的“泰坦尼克”号是为了要创下什么纪

1 新船的下水仪式，一般是将香槟酒瓶于舰首处砸碎，以祈求出海平安，也被称为“掷瓶礼”。

录才撞上冰山的。原因很简单：它根本就没有机会。毕竟早在1902年，拥有10500匹马力的“毛里塔尼亚”号就创下了最快横跨大西洋的纪录，直到二十二年之后才被打破。

英国白星航运公司的“泰坦尼克”号只是因为想证明自己没有那么慢，开得太快了，才撞上了冰山。然而，这恰恰说明了它在设计方面也没有宣传的那么好。

“毛里塔尼亚”号不仅又快又大，甚至不止传承了冠达邮轮公司对细节的考究，还美丽至极。更值得一提的是，它的浑身上下都被优雅和气派包裹着。客舱配有亚当牌的壁炉，舱壁的木质镶板带有青铜包边，以及水晶枝型吊灯；墙上挂有路易十六的箴言；头等舱里摆得满满当当，全是最上乘的乔治亚风格家具；主休息室采用了露梁平顶结构，由刻有凹槽的红桃木柱支撑，地板上铺的都是最优质的丝织地毯。想象一下，哪怕是把凡尔赛宫搬到海上，然后再将其体积和奢华程度统统翻一番，也不及“毛里塔尼亚”号的一半。

这艘船可不只是个徒有其表的花架子，它还拥有许多在当时看来都是“黑科技”的配置，而且那些新鲜玩意儿不只存在于关键的轮机舱内。比如，卫生间门与冲水阀门相连，每逢有人进出就会自动冲水；电梯是由轻量化的铝制成的——这种金属在当时还是一种新型材料。此外，船内甚至还有一家设施齐全的医院。

正是“毛里塔尼亚”号为战后时期的那些横跨大西洋的邮轮奠定了基调，包括“诺曼底”号、“法兰西”号、“美利坚合众国”号以及“玛丽皇后”号。你甚至可以认为，要是没有“毛里塔尼亚”号，我们今天就不会看见在地中海和加勒比海上往返穿梭的各种豪华观光邮轮了。随着时代发展，诚然塑料代替了木质镶板，涡轮发动机也取代了蒸汽机，但邮轮的理念依旧如故：无上的奢华、至臻的美馔、安静的发动机，还有极致的速度。

如今“毛里塔尼亚”号早已成为过去，不过人们在它彻底退役后还是将它的豪华内饰“抢救”了出来，填满了布里斯托尔的一家夜总会。

有人说这艘最能撑起冠达邮轮门面的旗舰，是有史以来最伟大的邮轮。尽管我不想被骂，但我还是持保留态度。我认为这个名号理应归属于布鲁内尔继“大西方”号之后的另一杰作——“大不列颠”号。

当时，木质船体的“大西方”号在一定程度上可以说是功成名就，于是股东们找到布鲁内尔，要求他再造一艘姊妹船出来。他们自然认为这两艘船肯定是大同小异，无非是把煤舱从船的两头搬到锅炉附近，或者是改善一下轮船行驶时的晃动问题，以缓解乘客的晕船症状之类的。但总的来说，他们并不想对这艘久经考验且表现出色的邮轮做过多改动。

而这些想法都忽略了大工程师伊桑巴德·金德姆·布鲁内尔的雄心壮志。布鲁内尔认为，用木头去造一台真正的机器，那就是大错特错。蒸汽火车可不是用榆木做的，载着火车的轨道也是铁的，而不是橡木。因此，他决定造一艘拥有铁质船壳的新船。

正当一切工作进展顺利时，他又看见一艘转着螺旋桨的小船，突噜噜地行驶在布里斯托尔港附近。他想："要是螺旋桨在近海水域都能正常工作的话，那在远洋海域不也是一样可行?"因此，他做了一个违背股东们意愿的决定——摒弃桨轮结构，转而采用螺旋桨方案重新开始。

曾经，布鲁内尔是在远洋航行中使用蒸汽动力的第一人；而现在，他将成为把铁质船壳和螺旋桨应用于洲际邮轮的第一人。因此，这艘邮轮受到了史无前例的关注。船上的每个螺母和螺栓都被媒体仔细观察，连阿尔伯特亲王也莅临了下水仪式。当他登上邮轮，参观了两个小时过后，他直呼"简直不敢相信自己的眼睛"。

彼时木船的横梁和支柱均取材于大块的橡木，但"大不列颠"号上面却都是细长的铁梁。要想知道大工程师布鲁内尔的作品有多么精致，只需要看一眼帕丁顿火车站[1]的顶部结构；而要了解他对金属材料的运用达到了何等炉火纯青的境界，看看"大不列颠"号的螺旋桨转轴就够了。那根桨轴整体长 130 英尺（约 40 米），重达 36 吨。

除了令人印象深刻的科技含量，这艘船的体积也堪称惊人。它不仅比冠达邮轮旗下的木质对手们长出半截，内部空间也宽敞了三倍之多，当之无愧地成为人类有史以来最大的可移动造物。

---

1 自 1838 年起就是"大西部铁路"在伦敦的终点站，同样是伊桑巴德・金德姆・布鲁内尔的设计。

当这艘船还在布里斯托尔初具雏形的时候，布鲁内尔的竞争对手们却出奇地高兴，他们认为这个身材矮小的天才属实是贪多嚼不烂，便丝毫没有掩饰自己准备看笑话的心态，坐等布鲁内尔的项目泡汤。没过多久，“大不列颠”号果然出了洋相。

首先，它的巡航速度只有 9 节，还没有冠达的桨轮蒸汽木船快；而且由于两侧都没有桨箱辅助平衡，“大不列颠”号遇到大风大浪就会剧烈摇晃。考虑到这个问题没法解决，布鲁内尔便在螺旋桨上下功夫，以更快的速度作为补偿，从而换取平衡。这些手段显然以失败告终，因为在它第二次前往美国的途中，三片桨叶发生脱落。

虽然螺旋桨在抵达美国后就修好了，但它在返程途中又开始变得七零八落。于是只能张开风帆，经过 20 天缓慢而煎熬的旅程后才挨到了利物浦。那会儿海运旺季已经结束，它只能泊在那里等待冬天来临。无论是在技术还是财务层面，这都是一场失败。

在那段阴冷黑暗的时日里，布鲁内尔苦心钻研螺旋桨，往新设计上砸的钱也越来越多，并且殚精竭虑地反复思考着如何解决恼人的船体摇晃问题。然而，反对的舆论狂潮般向他涌来。在这艘船始建时，一家杂志社还对其予以青睐和厚望；而现在，他们却称其为一种“毫无意义的利维坦崇拜”[1]，甚至还有人开始质疑布鲁内尔在工程学方面的造诣。

1 利维坦是《圣经》中的一种与上帝相抗衡的大海怪。

唉，好吧。谁不知道这些人在期待什么呢？他们无非是以为把全新的想法往水里一丢，它就能自己一帆风顺地开走。

事实上，早在 1842 年布鲁内尔就预见了未来。他知道螺旋桨和大型铁质船体才是未来的发展方向所在，而他的预测也一如既往地准确。假以时日，“大不列颠”号一定能够取得成功。然而，留给他的时间已经不多了。

等到下一个海运旺季，船长不知道是中了什么邪，竟然在海上迷了路，不但没有把船开到大西洋，而且还在爱尔兰岛触了礁。虽然这场事故中无人受伤，但船只也被卡在原地，动弹不得。眼看着寒冬逼近，船主们决定干脆就把它扔在那里算了。

布鲁内尔听闻后怒火中烧。他前往事故地点后发现，“大不列颠”号正静静地屹立在沙滩上，几乎看不出任何损伤。“这就像无缘无故剥夺一位姑娘的性格，”他后来写道，“这着实太残忍了。”

回到伦敦后，他便发挥自己的第二大才能，给大西方蒸汽船公司的高管们做起了“思想工作”。脑袋灵光、受过教育的布鲁内尔不仅擅长威逼利诱，也同样可以阿谀奉承。他曾迫使老板们交出 117 000 英镑建造“大不列颠”号，然后在股东们为造船成本吵得不可开交的时候，他又说服他们掏出了 53 000 英镑在布里斯托尔为这艘邮轮修了个港口。而现在，他又开口索要 34 000 英镑，用以将它从沙滩上解救回来。

每个人都知道，这纯粹是在浪费钱。为了这艘船而欠的债就算是花一千年也还不完。它本身就是个亏本生意。但凡是有一点点经济常识的人都看得出来，把这艘船丢在一旁，任其自生自灭才是上策。但布鲁内尔依旧用他那三寸不烂之舌说服了老总们，让“大不列颠”号重返大海，却也让公司陷入了万劫不复的亏损。

事实证明，“大不列颠”号从未在横跨大西洋的航程中真正地大获全胜过，每次都会出点毛病。因此，布鲁内尔也不再花功夫去改良它，而是挖空心思投入到“大东方”号蒸汽船的建造中。这艘船硕大无比，大到加满燃料就能一口气开到澳大利亚去。

到最后“大不列颠”号总共也就只完成了八次前往美国的航程，然后就以25 000英镑的价格被卖掉了。在接下来的四十年里，它环游于世界各大海洋，但多数情况下都是在用风帆航行。在克里米亚战争和印度叛变事件期间，它还扮演了运兵船的角色。直到1886年的某一天，它满载燃煤从南威尔士前往旧金山途中，在绕过合恩角时不料遭遇风暴，几近沉没。

它拖着自己支离破碎的躯体，艰难地回到了福克兰群岛，随后便被当成了海上仓库，用来存放羊毛和煤炭。直到它变得千疮百孔，人们才将它拖到麻雀湾，让它孑然度过自己最后的时光。

令人欣慰的是，到了20世纪70年代，一位美国的好心人派了艘驳船来到福克兰群岛，用重重绷带将那位老姑娘打包好，最后带回了布里斯托尔。直到今天，它都一直停泊在那里，在一系列修复和重整后恢复了往日容光，准备欢迎前来参观的游客。

有人认为，这是一艘失败的船，是布鲁内尔一生众多光荣造物中的最大败笔；也有人认为，他的步子跨得太大，而且根本不了解海洋。但我们不妨想象一下，当这艘从水面上看不见任何推进装置的钢铁巨轮缓缓驶入纽约，美国人会作何感想？没有张起风帆，也没看到桨轮，这船究竟是怎么动起来的？再试想一下，等这艘船开到面前，发现它居然还是铁做的，他们又会是怎样一副吃惊的表情？

约莫 150 年后，英法联合研发的协和客机在肯尼迪机场着陆。在此之前，“大不列颠”号是英国对美国日益膨胀的自信心的一次最大打击。虽然他们在独立战争中打赢了我们，但当他们看到这艘船时，一定会百思不得其解。英国同胞们，难道这不会激起你心中的一丝自豪吗？

我并不否认，这艘船没有发挥出太大的作用。而且不少人都认为，布鲁内尔的多数想法都有类似的瑕疵。人们指出他在德文郡修建的空气铁路[1]太过荒谬，竟然要用真空泵把火车沿着轨道往前吸着走。每逢人们想起他那条宽轨铁路，总会忍不住哧哧笑出声来。

但请仔细想想，有了气动系统，布鲁内尔就可以从火车

1 19 世纪 30 至 40 年代，英国铁路工程领域出现的一种创新实验，设想是火车不搭载发动机，而是由管道内的空气压力来驱动。布鲁内尔在大西部铁路中的南德文铁路路段领导实施了这一设想，于 1847 年正式运行。但由于系统本身的缺陷，空气铁路项目在一年后宣告失败。

上卸下蒸汽机，将空气送入泵气站，利用压力作用于活塞驱动火车前进。这基本上就和现代的电气化机车从发电厂汲取动力是一个道理。所有人都认为，要是英国坚持沿袭布鲁内尔设计的 7 英尺的宽轨而不是现在 4.6 英尺的普轨，那么想设计出时速 320 千米甚至更快的火车，就不会那么困难了。

布鲁内尔唯一的错，就错在他生活在 19 世纪，思维却跨越到了 21 世纪。

这一点正体现在他所建造的船上。没错，现代观光游轮的基调的确为“毛里塔尼亚”号所奠定，但“大不列颠”号才是为它们铺好道路的开辟者。

“亚瑟”卫星天线[1]

回到三十年前[2]，天气预报或许就像作家J. K. 罗琳的科幻小说一样，完全可以用天马行空来形容。每天晚上电视呈现给我们的，只是一连串无中生有、胡说八道的“愚”报，与第二天的实际天气情况完美错过。

不过最近几年来，你应该注意到了些许变化。天气预报说要下雨，雨水通常也就如约而至；寒潮悄然袭来，但人们提前一个星期就发现了它；风力强度也可以预测得到，告诉我们哪里会狂风大作，哪里会清风拂面。这种新技术的诞生一部分归功于日新月异的计算机科学，但主要功劳则应该属于我们头顶的卫星。

因那些“太空信使”的存在而获益的，远远不止天气预报。我们不妨静下心来想一想，现代生活的大部分内容也同样离不开它们。要是没了这些“天眼”，那我们无论是开车，开船，还是开飞机，就只能自己想办法导航了。若真是如

1 英国贡希利卫星信号地面接收站架设的第一座抛物面天线，人们亲切地称之为“亚瑟”。

2 作者写作本书时是2005年，此处指20世纪70年代。

此，原本前往希斯罗机场的波音 747 客机可能就会飞到南米姆斯[1]的服务区。再者，没有这些卫星的帮助，我们将永远无法收看远在地球另一端的体育赛事直播，也打不了国际长途电话，美国也没办法时时刻刻盯着中东地区的一举一动了。而最主要的一点在于，咱们也就别想熬上半宿，在电视上饱览女星乔安妮・盖斯特[2]在阳光灿烂的牙买加沙滩上搔首弄姿地嬉戏了。

为了满足人们对更好的通信质量和更多的电视节目如饥似渴的需求，原本空荡荡的宇宙变得不再空虚。到现在，已经有 9 000 只卫星正围绕着地球运行，同时这也将太空变成了垃圾场。保险公司的专家们估测，现在有约 10 万块太过细小而无法归类的太空碎片以及数以千万计的人造微粒在外太空漂浮着。

这样一来，在地球周围的太空飞行就会变得异常危险。之前就有艘航天飞机撞上了一块油漆碎片，虽然听起来不过是屁大一点的事，但由于速度太快，这块微不足道的碎片在飞机的窗户玻璃中央炸了一个大窟窿。而又在最近，法国的“Cerise”卫星在撞上一块太空碎片后直接损毁。

然后这就会引发新的难题，因为这些碎片又会落到地球上。据估计，在 1999 年有近 50 万磅的太空垃圾坠入地球大

---

1 英国的一个小村庄，此处设有伦敦绕城高速 M25 北段的一个服务区。作者在此处指飞机将飞到错误的方向，因希思罗机场在伦敦西侧。

2 乔安妮・盖斯特：英国名模，媒体名人。

气层，其中有 8.4 万磅未能燃烧殆尽，进而穿过平流层。而由于地球上有四分之一的面积是陆地，所以不难推断出，最终有 2.1 万磅的碎片不会落入海里，而是会砸在陆地上，为人们带来安全隐患。

在 20 世纪 80 年代，许多体积庞大且具有放射性的太空垃圾落在了北极圈内的荒原地带，加拿大和苏联为这件事吵了个你死我活。还有澳大利亚，因为 1979 年“天空实验室”[1]坠毁后产生的大量太空垃圾都落在了本土内陆，政府还以一纸诉状控告了美国航空航天局。

一切都和亚瑟·克拉克[2]对未来的太空空间通信系统的构想相去甚远。当时的克拉克还只是一位名不见经传的科幻作家。早在 1945 年的一篇名为《地球外的中继》的论文中，他提出，在地表上空 22 000 英里的高度架设三台卫星就可以将整个地球链接起来。

这是个奇妙的设想，尤其是在当时人类尚未步入太空的背景之下。要知道，那会儿的火箭相关技术都掌握在一小撮英国书呆子手中，况且他们还只是理论层面上的“掌握”。即使是在大家心目中以“高精尖”著称的德国，他们的 V2 火箭[3]都够呛能打到我们英国来，更别说要把它们送到千里

1 美国的第一个实验性空间站，通过两次发射后对接而成。

2 亚瑟·克拉克：英国科幻小说作家，也是科幻电影《2001 太空漫游》的编剧。

3 纳粹德国在第二次世界大战中研制的武器，是世界上第一枚大型火箭导弹，也是最早投入实战使用的弹道导弹。

之外的太空了。

所以克拉克是怎么想到这些卫星能够被精准无误地送到距离地面22 000英里的固定点位上的？恐怕只有老天爷才知道了。

真的只有老天爷才知道吗？事实并非如此。如今，随便一个人都可以通过网络找到其中的答案。但问题在于它依旧会有一点复杂，毕竟这可是实实在在的火箭科学。

你应该知道，要想挣脱地球引力的束缚并突破大气层，必须达到每秒8千米的速度，也就是每小时28 800千米。这速度可不是一般的快。

在这个速度下，前进动量刚好可以抵消地球引力带来的加速度，所以卫星就能进入轨道。听起来不错，但那里只是比大气层只高出几英里的低轨，卫星依然会和大气层产生摩擦。要是放任不管，那么或许过不了几个月，那只靠烧钱造出来的卫星就会开始减速，直至坠入大气层。到那时，地球上的人们最好待在室内，因为卫星的金属残骸即将如雨点般砸下来……

为避免这种情况，你需要一个巨大的多级火箭。首先，让火箭的速度达到每小时17 500英里（也就是第一宇宙速度）进入地外低轨环绕运行，然后再利用下一级火箭提速，直至载着卫星进入更远处的高轨道，也就是距离地面22 000英里的轨道。

正如克拉克所预测的那样，22 000英里的确是个完美的高度，因为卫星在这里可以将地球尽收眼底，也就意味着它能让自己拍到的图像和信息传输到一个广阔的区域，实现对地的大范围覆盖。此外还有一点是我无论从数学还是科学层面都无法理解的，那就是它的运行速度竟能与地球的自转速度完美吻合。要知道，当你窝在家里用电视天线锅收看乔安妮·盖斯特的性感节目时，你的头顶上有一颗远在太空的卫星，它正以每小时数千英里的速度围绕地球飞速运转，并为你提供实时信号。但从你的视角来看，它竟能一直待在同一个位置。

这为我们看电视带来了太多方便。不妨试想一下，在乔安妮即将移开上衣展露香肩的关键时刻，你头顶上的卫星却不识趣地挪动了位置，于是你只能怏怏地搬着梯子去捣鼓天线锅，直至重新收到刚才的信号。这该多么扫兴呀。

当然了，如今想要把地球同步卫星送进太空可以说是易如反掌，连法国佬都能做到。但回到许多年以前，这完全是天方夜谭。

作为“第一个吃螃蟹的”，苏联将“斯普特尼克 1”号[1]送上了太空。但它最多算是个无线电信标，只会“哔哔哔”地绕着地球转圈儿。

美国人紧随其后，将一面名为“回声 1”号的巨型反射镜送上了天空，它的运行高度略高于大气层，能将无线电信号反射回地球。

---

1 苏联于 1957 年研制发射的人造地球卫星，用于探测太空中气压和温度的变化，并将数据信号传输回地球。

人类在1962年7月10日发射了世界上第一个真正能够接收信号、放大信号，并将信号传回地球另一端的卫星。它的名字叫“电星1”号。英国女王在当年的圣诞贺词中曾对它做出过这样的评价：“遁形九天之上，汇聚万众目光。”

对全人类而言，这是一次了不起的进步，也是一次实打实的胜利。在这个高度下，卫星信号能够同时覆盖到美洲和欧洲。所以哪怕隔着大西洋，美国举行的各类赛事也能够通过太空卫星即时转播给英国和法国的观众，大家坐在自家客厅就能直击赛场盛况。

不过，这只是理论上的说法，“电星1”号并不会一直待在地球上空某处，毕竟当时使用的“德尔塔”运载火箭没有那么强大的动力，所以它会和日月星辰一样在太空中运动……只是它的速度会快很多。在英国，你只有40分钟的时间来接收它的信号，时间一过，你就只能再等上两个半小时，等它绕地球转完一圈后才能再度重逢。

所以说，当它飞到美国上空转播体育赛事的时候，你还得默默祈祷一番——千万不要打到加时赛啊。

然而，这只是一系列问题的开端。而真正麻烦的一点在于，那颗离我们2 000英里开外的卫星正以每小时14 000英里的速度飞行，而它的尺寸不过一个沙滩球那么大，我们该怎样追踪并锁定它呢？

英国接受了这个挑战，并且早在“电星1”号发射前就在康沃尔的利泽德角修建了一个地面基站，也就是今天的“贡希利卫星信号地面接收站”。这是一块真正意义上的“风水宝地”，一方面是因为它位于英国最南端，能够延长地面与“电星 1”号建立连接的时间，另一方面是因为那里的地下岩层相当稳定，毕竟哪怕是轻微的地震，乃至一丁点儿风吹草动都会让整个项目泡汤。

但不管怎样，基站项目顺利完成，“电星 1”号也大获成功。1962 年 7 月 11 日，阿利斯泰尔・库克[1]的声音从美国纽约通过卫星信号实时播送到了英国。仅仅在亚瑟・C・克拉克提出卫星构想的十七年后，人们就步入了太空通信时代。

对许多人而言，这段故事的主角无疑是“电星 1”号；而一年后它因罹患“辐射病”[2]而永远离开我们的时候，想必同样有很多人为之伤心落泪。但坦白讲，我最钟情的不是遨游于太空的“电星 1”号，而是它那地面上的搭档“亚瑟”——那座守候在康沃尔的巨大碟形天线，不变地跟随着卫星的运行。

“亚瑟”是世界上第一个开放式碟形卫星天线，同样也是个大家伙。当然了，它连飞在天上的一根针都能精准定位，它就必须要大，直径要达到 30 米宽。而且，它还要足

1 阿利斯泰尔・库克：英国演员，曾出演电影《三面夏娃》《希特勒的最后十日》和纪录片《卓别林秘史》。

2 “电星 1”号问世时正处美苏冷战技术竞争时期，其所在的轨道曾多次受到太空核武器实验的影响，随后在 1962 年初瘫痪。尽管之后历经了一次“起死回生”，但巨量辐射已经让它无力回天，最终于 1963 年 2 月 1 日彻底停止工作。

够灵敏、迅速。尽管自重差不多有 1 180 吨，但它却能在 3 分钟内转完一圈，同时还能将反射面旋转 90 度，从水平姿态调整至与地面垂直。

当它在公众面前惊艳亮相的时候，人们究竟在想些什么呢？这个固定在格状梁柱上的大号“白色碟状物”，对着空荡荡的天空转来转去，捕捉着肉眼看不见的太空物体。然后我们英国人就能知道大洋彼岸的美国正在发生什么……人们肯定会以为这是科幻片里的东西。

事实并非如此。更令人惊讶的是，即使远程通信技术在过后的五十年里突飞猛进，“亚瑟”也并没有被历史长河所湮没。

当然了，来到贡希利卫星信号地面接收站参观的游客不该误以为“亚瑟”已经停止运转，它只是“运动量”很少而已。现在，由于那些漫游着的“电星”已被“903 国际通信卫星”所替代，它也不用再像向日葵一样转来转去，只需静静坐在原地，恒久地凝视着大西洋的正上空。

是的，这么多年来，还有很多新的抛物面天线加入到了“亚瑟”的阵营，且它们都以卡美洛[1]王国中的人物命名。然而，身为国王的“亚瑟”依旧是老当益壮。实际上，它现在是世界上最大的机器——从海底延伸到深空太阳能卫星的通信网络——的一部分。因此它能够日复一日地处理各种工

1 神话故事中的王国，主要人物包括亚瑟王、摩根勒菲、桂妮维亚、梅林以及众圆桌骑士等。

作：各种发生在加勒比海的银行交易、打给加州女孩的“0898”[1]热线、来自新西兰的新闻报道、英美两国之间的大部分通话，还有印度的互联网服务。

对于阿富汗和伊拉克战场的军事无线电通信，“亚瑟”处理起来也是得心应手。2001 年 9 月 11 日，它甚至动了起来，调整身姿对准一颗新卫星，以“替身使者”的身份为美国遭受重创的本土通信网络救了急。

这对这台机器来说已经难能可贵了。毕竟它最初是在 50 年代设计的，旨在处理电视信号或者 600 个通话请求，并且无法同时处理这两项工作。

糟糕之处，唯独在于它的维护保养情况。我曾参观过美国的各大工程设施，其中包括加利福尼亚州的艾姆斯风洞、路易斯安那州的斯坦尼斯火箭工厂，当然还有位于佛罗里达州的卡纳维拉尔角发射基地。这些地方都是和贡希利在同一个时期修建的，但它们的保养和维护状况明显要更好一些，看起来就像是昨天才建好的一样。

反观我们的“亚瑟”，不仅身上锈迹斑斑，并且它碟面正中间的馈源后方的舱室看起来就和建筑商的储藏间一样，杂乱且老旧。

人们如今对“亚瑟”的要求，无异于要求年逾古稀的杰

1 英国 90 年代流行的一种价格高昂的付费热线，以号码“0898”开头，专门为男女之间的电话社交而创立。

克·查尔顿[1]再为英格兰国家队出场踢比赛。但“亚瑟”完全能够胜任，而且确实做到了。这也充分展现了它那多年前的设计者们和建造者们的才智水准。

这就是一件伟大艺术品该有的样子。“亚瑟”可以抢在迈克尔·费什[2]之前为你预报天气；可以知晓你上次去圣卢西亚买冰淇淋花了多少钱；可以了解印度人钟情于哪一类成人影片；甚至还可以发现你藏在新泽西的情妇。俗话说“人在做，天在看”，但到了现在，要是说“人在做，‘亚瑟’在看”，或许也丝毫不为过吧。

1 杰克·查尔顿：前英格兰职业足球运动员，曾代表英国利兹联足球俱乐部出场数百余次。

2 迈克尔·费什：英国气象预报员，1974 至 2004 年期间曾在 BBC 主持天气预报节目。

波音 747 飞机

1977 年 3 月 27 日中午，西班牙加纳利群岛上的拉斯帕尔马斯机场发生了炸弹袭击事件。由于航站楼内藏有更多未引爆的炸弹，所有还未入港的航班都被要求调转方向，往群岛的另一座机场——洛斯罗德奥斯机场备降。

在第一批落地的飞机中，有一架荷兰皇家航空的波音 747，机长名叫雅各布·费尔德赫伊岑·范赞滕。范赞滕在这家航空公司工作了三十年，也负责培训其他荷兰飞行员。

当时，空中交通管制要求他把飞机停在其中一条滑行跑道上，等待拉斯帕尔马斯机场重新开放。起初，他估计应该不会等太久，就坚持让所有乘客都留在机上，否则还要安排乘客进行二次登机。而且，等到真正抵达目的地的时候，他的飞行时限[1]就该到了，也就没法在既定时间内飞回荷兰。随着时间一分一秒地流逝，他开始坐立难安，于是要求在飞

1 指飞行员在一段时间内允许接受的飞行任务的最大时限，旨在确保飞行员的身体和心理健康，从而保障飞行安全。

机停放期间进行加油，就省得到了拉斯帕马尔斯机场再补充燃料了。

此时，洛斯罗德奥斯机场已经是“机”满为患，其中有一架泛美航空公司的巨型喷气机。这架飞机从洛杉矶出发，载着一众要在抵达加纳利群岛后再搭观光邮轮的老年人。机长是 57 岁的维克多·格拉布斯，拥有 21 000 小时飞行经验。

他驾驶的飞机同样相当特别——那是“维克多快帆”号[1]，也是世界上第一架载客飞行的巨型喷气机。如果你看过波音 747 于 1970 年 1 月 21 日从纽约飞往伦敦的首航影像，那么你在电视新闻画面中看到的就是这一架飞机。而到了七年后的这一天，它却像没头苍蝇一样在大西洋群岛中间的一座小机场里转悠，只为寻觅一块泊位。

等到拉斯帕尔马斯机场重新开放的时候，这架泛美航空的客机早已被范赞滕的飞机和加油车围了起来。泛美的机组成员还专门量了一下两架飞机的间距，却发现它们靠得太近了，所以认为最好还是让荷航的飞机先走。

到了下午 4 点 26 分，范赞滕的飞机加满了油，而机场也早已被铺天盖地的湿雾所笼罩，此时的能见度只有 300 米。

不过，塔台还是要求范赞滕的机组滑行至 30 号跑道远端等待起飞许可。同时，维克多那边也收到调度指令，要将

1 波音 747－121 型客机的昵称，机身代号 N736PA。

飞机停靠在30号跑道的第三滑行道，等待范赞滕的飞机先行起飞。此时的雾气愈发浓重，地面上飞机的轮廓也被大雾吞没，消失在空管员的视线中。荷兰皇家航空的机组成员根本看不见泛美航空的飞机，而泛美那边也拿不准自己到底该往哪儿开。

驾驶舱的录音显示，当时塔台和飞行员之间的沟通出过一点儿岔子。泛美的副机长以为听到的是停靠在第一滑行道，但那里早已挤满了待命的飞机，所以肯定是哪里搞错了。随后，空管员一字一句地重复了一遍："长官，是第三滑行道，幺、两、叁的叁。"

等美国人把指令厘清后，他们仍然顶着浓雾在滑行跑道上缓缓前行，往还在原地待命的荷航飞机的方向驶去，却根本不知道自己经过了几个道口指示灯。黑匣子记录下了机长和副机长曾试过确认应该在哪个路口转弯，但当时他们已经错过了第三滑行道的路口，并径直向第四滑行道前进。就这样，他们离范赞滕的客机也越来越近。

与此同时，急不可耐的范赞滕已经调转了机头，恨不得马上起飞。乃至他就像热锅上的蚂蚁，转眼间就将四门发动机尽数启动。副机长克劳斯·默尔斯则清楚地感觉到还为时过早。从黑匣子的录音可以得知，他曾对机长发出过告诫："等一下，我们还没有起飞许可。"

范赞滕听闻后立即将飞机停了下来，命令副机长通过无线电向塔台申请起飞许可。空管员的答复如下："荷航4805，你们获准前往 Papa 信标，爬升并保持飞行高度 90[1]，起飞后右转飞往 040 方向，直到与拉斯帕尔马斯信标的 325 径向交叉。”

这些都是在飞机起飞后需要遵循的航线指令，空管员实际上还没有给出起飞许可。而范赞滕并没有意识到这一点，他松开刹车准备起飞。

飞机开始缓缓移动，渐渐接近那架藏在浓雾中的泛美航空客机。同时，副机长也照例向塔台复述指令：“收到，长官。我们已经获准前往 Papa 信标，飞行高度 90，保持航向直至与目的地信标的 325 径向交叉。正在准备起飞。”

而这句“正在准备起飞”又搞出了乱子。空管员以为他们正停在起飞位置等待指令，却不料他们已然开始加速，直指“维克多快帆”号所在的方向。

荷兰皇家航空的这架飞机上，有 14 名机组成员和 234 名乘客，其中包括 48 名儿童和 3 名婴儿；另外一边的泛美航空客机载有 16 名机组成员和 396 名乘客。两架飞机上共有 660 条性命，而他们即将遭遇一场惨烈的撞击。

当荷兰皇家航空飞机持续加速时，副机长威廉・施勒德听见塔台要求泛美航空机组成员在离开跑道后向塔台报告。

施勒德误以为机长也听见了这段对话，便问道：“所以他们还没离开跑道吗？”

范赞滕的回答决定了所有人的命运：“哦，他们当然离

1 指飞行高度 9 000 英尺。

开了。”

泛美这边，副机长最先发现以泰山压顶之势袭来的荷航飞机。“快看那里！”他失声大叫道，“该死，看啊……他×的，要撞上了！快躲开，躲开，躲开！”

机长格拉布斯试图力挽狂澜，他重重地推下油门来尝试规避，但为时已晚。直到悲剧发生前的最后一刻，范赞滕才注意到泛美航空的飞机，并且立刻试图升空。虽然如此，但他拉升的高度并不足以挽回局势。最后，荷航飞机的底部与泛美飞机的顶部发生惨烈撞击，前者瞬间被巨大的火球吞噬，随后重重地砸在了跑道上，机上全体人员当场殒命。

事故发生后，“维克多快帆”号的副机长伸手想将全速运转的发动机关上，但本来应该在他头顶的开关早就在撞击时和机顶被一起掀飞了。大多数乘客在第一次爆炸中丧生，但最后泛美客机上依然有 70 人奇迹般地生还，其中包括驾驶舱中的全部机组成员。

这场事故最后的遇难人数是 583 人，包括被送到医院却不治身亡的 9 人。巨大的伤亡人数使这次事故成为百年航空史上最严重的一次空难。这就是波音 747 最大的问题所在：一旦这个大家伙坠毁，伤亡的惨重程度都太可怕，以至于人们根本想不起来要去在乎飞机本身。

但值得庆幸的是，飞机失事是极少数的事件。1970 年到 2000 年之间，从波音公司出厂的 1 000 架巨型喷气机中，只有 28 架因事故报废。

在这些事故当中，7 起因地面操作不当发生，4 起是恐怖分子制造的，1 起是在第一次海湾战争[1]中被炮弹炸毁，还有 1 起是因为被苏联误认成敌机而被击落。因此，在 1 000 架飞机当中，只有 15 架真正陨落于事故，并且那些事故几乎都是由于人为失误。

想知道这种巨型喷气机有多硬朗，你只需要看看依然残存在洛克比郊外的飞机头[2]。那上面还有一扇窗户依旧完好无损呢。

要想更清楚地理解这一点，请跟着我的思绪回到 1971 年，也是商业航班有史以来第一次发生事故的时间。一架波音 747 准备从旧金山出发，但出于种种原因，它竟然在自身严重超重以及跑道过短的情况下尝试起飞。当速度达到 165 节的时候，它冲进了从跑道尽头延伸入海的木码头。

码头上的龙门吊撕裂了客舱地板，损坏了飞机襟翼，折弯了起落架，也碾碎了舱壁。木头碎片像镰刀一样从飞机前部飞溅到机尾，也就是穿过了客舱，劈断了一位乘客的双腿，又撞断了另一位乘客的手臂。但不知道怎么的，飞行员在这种情况下竟然还设法完成了起飞。而更令人难以置信的

1 美国领导的联盟军队于 20 世纪 90 年代，为恢复科威特主权、独立与领土完整并恢复其合法政权而对伊拉克进行的一场战争。

2 指洛克比空难。1988 年 12 月 21 日，编号 N739PA 的波音 747 客机在经过苏格兰洛克比小镇上空时，机上的恐怖分子引爆了货舱内的炸弹，243 名乘客和 16 名机组成员全部遇难，爆炸后掉落的残骸碎片也造成地面 11 位居民死亡。该次空难也导致泛美航空逐步破产。

是，他甚至还操纵飞机着陆，让所有乘客都活着回到了地面。

波音 747 在设计方面确实是棒得没话说。我想说的是，在 1996 年 7 月的美国环球航空公司事故中，一架波音 747 刚离开纽约没多久就发生了爆炸。对此，人们认为它肯定是被一枚流窜的导弹或是一块大陨石击中的，毕竟认为波音 747 会因自身缺陷而出岔子的想法，实在太荒唐了。

事实上，我依旧坚持这个看法。要知道，调查完所有证据，完整了解事故的来龙去脉之后，我们不难发现它的确像是飞行途中被人为炸毁的——毕竟当时美国海军正在附近执行任务。开诚布公地讲，美国误伤友军的事例已是屡见不鲜。都到这个份儿上了，美国当局却说是中央油箱爆炸所致。唉，就当他们说的对吧，反正这些家伙“从不撒谎”。

无论如何，波音 747 之所以能够鹤立“机”群，并不是因为它卓越的安全性。现代化的喷气发动机已经相当可靠，机载计算机系统也能做到万无一失，这就让所有商用航空公司都拥有异常灵敏的安全记录仪，甚至一块石头在它眼里都是可疑且不稳定的对象。测算数据显示，如果你每天坐飞机，你需要坐满 13 000 年才有可能遭遇一次因自身故障所导致的飞机爆炸事故。

而且，吸引我的也并不是这种巨型喷气机的速度，尽管它在上帝眼里依然是一只奔跑在蓝天上的矫健野兔，在绵密的云朵中来回穿梭。更新款的波音 777 能够以每小时 565 英里的速度巡航，而 747 比它快了整整每小时 20 英里。这点速度看似微不足道，但对于超过 11 000 英里的航程而言，它能够有效避免下肢深静脉栓塞[1]的形成。

即便波音 747 对公共交通运输做出过贡献，我也并不为之兴奋。当它问世的时候，人们都还坚信飞行是周游世界的富豪们享有的特权，因此超音速旅行才是它唯一的发展方向。但当时没人想到，在若干年后，一个北方胖女人只花 25 英镑就可以飞到西班牙。

几乎没有人预见到这一点，但有一个人除外，那就是泛美航空公司的老板胡安·特里普。他注意到美国飞机制造业在战后研发超音速客机方面的失败，于是恳求他们改道而行，制造一台巨无霸飞机以撼动当时已有的规模经济。

当它最终于 1968 年 9 月 30 日在西雅图的工厂亮相时，连工人们都对它庞大的体型瞠目结舌——而这也就是我对巨型喷气机如此热爱的核心所在。有关它的事实和数字看起来也颇具童趣，比如，当它的发动机全速运转时，尾部喷涌的气流在 7 分钟内就足以给一艘固特异飞艇充满气。

或者这么说吧：虽然它的油耗高达百千米 113 升，却能容纳 500 人，也就是说平摊到每名乘客头上，它每英里的实际油耗甚至比一辆福特嘉年华还低。

要是你想知道，我还可以告诉你更多细枝末节的数据。比如说，它需要 1.5 英里的助跑距离才能达到起飞速度；在

1 由于飞机座位通常狭小，再加上乘客久坐不动，静脉血液回流不畅，下肢静脉容易形成血栓，严重时会危及生命。

它长达二十年的使用寿命中，总共有1 500英里是在倒退而行的——当然了，这是它在地面上从不同的登机口倒回停机坪所产生的距离，而不是在天上飞行的距离。不用说都知道，哪儿有飞机能倒着飞的？

如果你是个老少爷们儿，兴许也会有兴趣知道：这架飞机的翼展比莱特兄弟的首航飞行距离还要长，而它的尾翼比一幢6层建筑还要高。而且，巨型喷气机还可以像仰泳似的上下颠倒过来飞行，不过要是真在半空中这么做的话，机翼就会在巨大的压力下撕裂。尽管如此，我还是想告诉你，测试结果表明，机翼在不堪重压折断之前，最多可以承受多达30英尺（约9米）的向上弯折的形变强度。

除了这些，还没完。负责建造这架飞机的工厂也是世界上体积最大的建筑。第一架巨型喷气机由多达450万个部件组装而成，于是有专家认为，这架飞机只能在无风带中飞行，他们认为“这么一台庞然大物可绝对经受不起任何气流颠簸”。

这种说法也算正确吧。截至目前，波音747飞机一共运送过22亿名乘客，接近全球人口的40%。对于一架原本为货运而设计的飞机而言，算是个不错的成绩了。

当初，虽然胡安·特里普要求定制的是客机，但波音公司由于觉得它也可以被用作运货，便答应了这笔交易。这也就解释了为什么它有一个“驼峰”——货物可以通过机头上的一处靠铰链开合的鼻锥进出机舱，更加便于装卸。看，我可以一直滔滔不绝地给英国人介绍波音747，直至天荒地老。想必其他人也能和我一样口若悬河地讲下去。

波音 747 因其庞大的体型已然成了一种现代语言中形容庞然大物的参照标准，就像足球场、纳尔逊纪念柱[1]和威尔士公国的面积一样，都是一种约定俗成的测量单位。记得几天前有人告诉我，现代化的超级拖网渔船所使用的网，大到能将 12 架波音 747 罩住。虽然我不清楚这些网具体有多大，但差不多也能想象得出。

只有一类东西比趣味小知识更能吸引男人，那就是各种领域之最。那也就是我钟爱波音 747 的原因——最大、最快、最重，以及最强。

在发展初期，它历经坎坷。总共 1 013 次的试飞，光发动机就换了 55 次。就在它 1970 年的那次商业首航前，发动机甚至还过热了，以至于公司在最后一刻才将那架注定会遭遇不幸的“维克多快帆”号搬出来以作替代。后来由于经济衰退和技术问题的双重打击，747 最初还饱受嘲讽，被人们冠以“巨型呆机”的诨名。

不过，“沧海桑田，谓世事之多变”。如今大多数人挑选自己要搭乘的特定航班，只是因为它正好出现在他们要出行的那一天罢了。可我就不一样，因为我会前前后后地制定出行计划，只为能够搭上波音 747。

而波音 777 就是一坨破铜烂铁。同时，我当然认可那些有着四颗发动机的空中客车机型都出奇地安静，但它们本质

1 纳尔逊纪念柱：位于伦敦市中心的特拉法加广场，高 51.59 米。

上和公交车无异，还有什么风姿魅力可言呢？

每当我乘坐波音 747 出行，目的地总是那些充满异域风情的地方——它可不会飞到咱家门口的马恩岛去。而且，我想要在坐飞机的时候就能体验到那种异国情调。这也就是为什么我喜欢飞机上的楼梯。在大家都认为在驾驶舱上方增设“驼峰”空间是个好主意之后，人们开始对里面可以布置什么设施议论纷纷。其中，美发沙龙是个值得考虑的提议，另一个点子则是赌场。

波音 747 的商务舱作为同级别中的佼佼者，现在已经堪称完美。在那里，没有屠宰场里的肉牛般的拥挤，并且只要航空公司头脑清醒些，就没有婴儿尖声哭叫的折磨。在那里，你甚至会以为自己乘坐的是公务机。当然了，唯一的不同在于，波音 747 要安静得多。

在波音 747 上面，驾驶舱可不是个好去处。当飞机准备在跑道上滑行降落时，我们都以为商务舱另一头的驾驶舱里肯定是一幅平静的画面，各类自动化模块有序运转，专业的驾驶员沉着冷静；然而相信我，其实不是的。有一回，机组成员邀请我进入驾驶舱，坐上折叠座体验一番，当时飞机正准备在休斯敦降落。

起初，飞行员们没听清楚塔台要他们在哪条跑道上降落，而他们的交谈把我吓坏了——机长对他右边的年轻学徒说道：“哦，跟着前面那架飞机就行了。”然后我们撞上了鸟群，机长也只是轻描淡写地来了一句“小问题，不要慌”。我几乎没反应过来，因为我不敢相信副机长需要做出多大努力才能应对眼前的情况。只见他汗流浃背，费力地操控着飞机钻出了那片黏稠闷热的天空。

现在任何乘客都不被允许进入驾驶舱，除非你远离美国，生活在一个自由世界里。对此，我是满意的。我宁可选择两耳不闻“舱”内事，无忧无虑地坐在乘客位上，不去想驾驶员们得多么艰难才能把那头硕大的“飞行怪兽”带回地面上。

我也不想看到飞行员之间争吵不休或者瞥一眼手表然后啧啧抱怨的光景。我宁愿相信，我的每次平安起降都拜这伟大的飞机所赐，而特别是当这台机器是波音 747 的时候，就更是没什么好担心的了，完全没有。

AK47 突击步枪

1942 年冬，纳粹德军以迅雷之势横扫苏联西部后，将战火烧到了斯大林格勒城下。此时，德军上下还指望到圣诞节就能拿下莫斯科，然后在那里美美地庆祝一番。

但斯大林决定，不能让纳粹德军再往前挺进一步。此番决策或许出于战略方面的考虑，因为斯大林格勒是苏联油田的“命脉”；也有可能是出于荣誉感，毕竟这座城市背负着他自己的大名，若失此城，情何以堪。无论如何，他已下定决心，哪怕敌寇披盔戴甲、装备精良，也终将止步于此。

暴雪肆虐，冰寒砭骨；战火纷飞，断壁残垣。为了支援前线，保家卫国，来自苏联各地的人们登上了开往斯大林格勒的火车。他们要同侵略者展开殊死搏斗，誓与斯大林格勒共存亡。

哦，当然了，就算你坚守阵地、奋战到底，也会吃到敌人的枪子儿。更糟糕的是，由于枪支的数量极为有限，所以在敌方的枪林弹雨面前，有一半被送进战场的新兵蛋子根本就没法还击。如果没领到武器，你只能等到有枪的同志不幸中弹倒地，你就可以接过他手中的武器，继续冲锋陷阵了。

众所周知，有着“战斗民族”称号的俄罗斯人最终赢下了这场保卫战，但伤亡也是相当惨重。一位装甲兵中士米哈伊尔·季莫费耶维奇·卡拉什尼科夫[1]对此深有体会。

他在先前的一场战斗中挂了彩，然后被送到医院疗伤。于是，在战事正酣的时候，他有大把的时间为战友们思前想后。他发现，德军之所以能在城镇战斗中所向披靡，是因为他们拥有“机枪”这种武器，而苏军却几乎没有。

步枪能让你在数百米开外的地方精准命中一个小目标，但机枪做不到这点。其实，哪怕是把机枪架在院子大门口，你也很难命中院子里的房子——因为子弹基本哪儿都能扫到，但就是打不中你瞄准的地方。所以说，你可以用步枪放倒一个敌人，但要是用机枪的话，你就可以压制住一整支军队。

此前，卡拉什尼科夫曾发明了一种可以为坦克发射的炮弹计数的装置，因此名声大噪；现在，他的伤口已经痊愈，便准备开始设计一款能够媲美德军 MP44（一种手持自动步枪）的武器，也就是后来的 AK47 突击步枪。

不过，正如它的名字所言，这把枪直到 1947 年才正式确认列装，距离希特勒的一部分遗骸[2]被送到克里姆林宫已经过去了两年之久。但这并不妨碍它成为人类军火库中有史

1 苏联著名的枪械设计师，以设计 AK-47 突击步枪闻名。他的代表作品有 AK 系列步枪、轻机枪 RPK、通用机枪 PK、霰弹枪 SAIGA 系列等。

2 希特勒在苏联攻破柏林后饮弹自尽，尽管纳粹分子将其火化，但牙齿和少许骨头碎片遗留了下来，后被送往苏联的克里姆林宫保存。

以来最成功的一把枪械。

由于 AK47 从未有过专利，也就意味着只要你有一家锻造厂就可以开店销售这把枪了。没错，人们就是这么干的。AK 系列突击步枪在世界各地都有大规模的生产制造[1]，截至目前已售出了高达 7 000 万支。也就是说，世界上平均每 90 个人里面就有一个人持有一把 AK47。

想想 1947 年以后爆发的那么多次战争，哪怕随便挑一场出来，你都可以胸有成竹地打赌说：至少有一方在使用 AK47。从摩加迪沙军阀，到伊拉克共和国卫队，AK47 都是他们手里的鲜明标志。半个世纪以来，这把半截子木头的突击步枪一直都是美国人及其盟友的眼中钉、肉中刺。

有趣的是，这把枪自上而下都和有趣无关。它有着 30 发的弹匣，适配的是常见的 7.62 毫米子弹，射速每分钟 600 发。这可以在战斗中满足一梭子 3 秒钟的连射，基本算是中规中矩。射程方面也毫无亮点，估计也就 1 100 码左右吧。

平庸无奇就算了，但实际上它还有设计缺陷。首先是接近 10 磅的重量。听起来好像没多重，但要是让你每天都背着它在热带丛林里长途跋涉，你就不会这么想了。其次是瞄具，距离枪管前端太近了。更糟糕的是保险开关，要想把射击模式从“关闭”切换到“单发”，快慢机柄还得经过中间

---

1 新中国成立后，我国也在苏联的授权和指导下对 AK47 进行了仿制，56 式自动步枪因此诞生，后来还衍生了 56－1 式、56－2 式以及 QBZ56C 式等各种改型。

的“全自动”挡位[1]，此时枪支就会发出清脆的“咔哒”声——你不仅向敌人暴露了自己的位置，还向他们声明了你的武器：我手头这把可是正宗的俄罗斯货。

于是乎，在你试图悄无声息地打开保险，准备速战速决的关键时刻，敌人们却听到了机械装置的咔哒声。随后，密密麻麻的子弹即刻向你倾泻而来。你试图开枪还以颜色，打到一半却发现这把枪处在“全自动”射击模式下，所有子弹都歪到姥姥家去了。

那么为什么这个集笨重、瑕疵和平庸于一身的机器能够轰动一时，被人们所普遍应用？答案很简单，就是因为它构造精简。如果要评出人类史上结构最简单的机器，那么AK47 和捕鼠夹能够并列第一。

把木质枪托拆掉，从后面只能窥见击锤和一截控制它的细绳。对于那些置身丛林，为自由而战的游击队员们而言，AK47 实为一把趁手的利器。它既耐砸，又经摔，哪怕是在沼泽里埋上几个月也照样可以正常使用。正是这种实实在在的可靠性让 AK47 广受青睐。哦对了，事实上，你现在就能从一个阿尔巴尼亚商贩那里花上 3 美元淘来一把二手的 AK47。

在非洲西部，你会发现有些士兵背着镀银的 AK 系列枪械。我敢说这些枪肯定要更值钱一点，但也多不到哪儿去。你知道吗，这些所谓的“士兵”通常都是五岁大的小孩子，

1 传统 AK 都采用了保险和快慢机一体的设计，共用一个手柄。

他们都是用零花钱来购买和装饰自己手头的枪支的。

记得有回我在瑞士出差，一位“地狱天使”[1]的成员出价300英镑要卖给我一把全新的、连防油保护纸都还没撕掉的AK47，甚至还愿意给我1000发子弹作为赠品。

“来。”他冲着我说，“试下手感怎么样。”大约60码开外的采石场尽头有一块铁轨枕木，我对着它开了几枪，发现破坏力着实惊人——子弹将它劈成了两半，两块残骸还被炸开了10英尺远。目睹此般惨状，我想：那些好莱坞英雄们中了一发AK47的子弹，然后只是轻描淡写地“哎哟”一声就完事了？

照理说，我本应该对这把武器的威力感到胆寒，也理应把它还回去然后转身离开。但是，我的天啊，这把枪已经让我爱不释手了。我甚至还做起了不切实际的白日梦，幻想能带它回家，甚至还在考虑如何从海关的眼皮子底下溜过去，把它走私回国。然后我夜里就可以端着枪在自家附近“狩猎”，看看哪个入室抢劫的倒霉蛋会撞到我枪口上来。

想象一下，一个满脸青春痘的16岁小屁孩闯进你家里偷录像机，结果和你撞了个正着——他操着一把削皮小刀，而你却端着一把货真价实的AK47。那是一幅什么场景。

奇怪的是，其他任何一把枪都没有AK47这样的魅力。

---

1 地狱天使（原文为“Hell's Angel”）：1948年成立的摩托车帮会，被包括美国在内的多国认定为有组织犯罪集团。

我用过英国部队的 SA80[1]，也用过美军的 M16，乃至司登冲锋枪和马克沁重机枪这样的老古董。当然了，其中最棒的是一挺班用机枪。我在亚利桑那沙漠中试射的时候，巨量的曳光弹喷涌而出，甚至还点着了一片灌木丛。

这些枪械给了我同一种感觉——它们只不过是一种能量发射装置。扣动扳机，一声巨响之后，你就会发现无论之前瞄准的是什么东西，它的原形都会一去不复返。它们和厨具无异——擅长应对分内的事情。但如果你不打算用它冲着某人的脑袋来上几枪，那比煮鸡蛋也刺激不到哪里去。

AK47 就不一样。现在，有家长为自己的小孩取名“卡拉什”，就是为了纪念这把传奇武器的发明者。而在一些国徽上[2]也能找到这把枪的身影。就我个人而言，写着“AK47”的车牌号是唯一让我想过要不要掏钱买的，毕竟这个靓号能让我的沃尔沃看起来更威风一点。

所以这到底是怎么回事？AK47 为何能够成为“万枪之王”？又为什么在所有枪械当中，唯它有魂？

这把枪诞生于常人难以想象的纷争和苦难之中，所以它被赋予了正统的工人阶级出身的硬汉血统。它不会像茜拉·布莱克[3]一样，身在泰晤士河畔的洋房里养尊处优，却对自己儿时在利物浦经历的艰难苦恨喋喋不休——AK47 绝不会

1 无托结构突击步枪，英军统称为 L85A1。

2 在莫桑比克、津巴布韦和东帝汶的国徽上均有 AK47 的图案。

3 茜拉·布莱克：英国流行歌手，电视名人。在英国流行潮盛行时期，她是第一个，也是唯一一个来自利物浦的女性表演者。

出卖自己的灵魂。你不会看到它出现在娇生惯养的美国大兵手中，也不会听到它夸耀自己是如何在西贡[1]的某个山洞里成长起来的。它为援助受压迫者而生，这也是它一直以来奉行的使命，几十年如一日。

后来，AK47 迎来了可能是世界上最酷的真男人——切·格瓦拉[2]。没错，他的真名叫做埃内斯托，即使是猛男詹姆斯·迪恩[3]和硬汉史蒂夫·麦奎因[4]，在他面前也显得像一对娘炮。我憎恶他的政治立场，但很喜欢印有他大头照的T恤衫。

他浓密的胡子也相当具有吸引力。你应该知道，他并不像普通人一样出于虚荣、懒惰或者缺乏安全感而留胡子，而是因为他长期生活在丛林野地，绝不能把宝贵的水浪费在刮胡子上面。如今有人不惜花大价钱改善自己的容貌，而他却只凭借一顶贝雷帽和一件连体工作服就让自己拥有魅力四射的形象。我敢跟你打包票，他手上也绝对有一把 AK47。

毕竟 AK47 是机械设计史中的经典之作，你完全可以把它裱起来挂在墙上。没人会问你为何要这么做——也许除了警察。

---

1 现称为胡志明市。

2 切·格瓦拉：古巴革命战争领导人之一。

3 詹姆斯·迪恩：美国男演员，曾主演电影《伊甸园之东》和《无因的反叛》。

4 史蒂夫·麦奎因：美国好莱坞影星，赛车选手。曾多次出演硬汉和英雄角色，电影《巴比龙》是其代表作品。

在人们心目中，设计是不配和“艺术”这个词相提并论的，因为设计存在的意义从头到尾就是赚钱。而 AK47 却从未被利欲所沾染。实话告诉你，米哈伊尔·卡拉什尼科夫一直都以苏联军队的退休金维持生活，除此之外再无其他收入。就是因为这一点，他最著名的创造物——AK47 才可以被称作是一件艺术品，也才被赋予了那一缕赤诚的灵魂。

齐柏林飞艇

1915 年 5 月，经德国皇帝威廉二世批准，一支由齐柏林飞艇组成的小队将对伦敦和英国各工业城市展开一系列突袭轰炸。纵观整个战争史，或许再也找不到比这更愚蠢的军事计划了。

作为执行对地轰炸任务的飞艇，齐柏林身上有一两个硬伤。比如，填充气囊的绝大部分氢气只够让飞艇本身浮起来，所以要是驾驶员午饭吃得太丰盛，那么升力和重力就会失去平衡，整艘飞艇动弹不得。这就意味着它的载弹量相当有限。

还有一点在于，它的体积庞大如战舰，飞行速度不超过每小时 65 千米，而且飞行高度也就只有数百英尺（不会超过 305 米）。在地面上的防空炮手眼里，它就是一个肥硕多汁、易燃易爆的活靶子。

可是飞艇上的成员都应当感到庆幸，毕竟英国人只会在工厂这类显眼的目标周围部署防空炮。由于齐柏林飞艇实在太难操控，所以每一次都会偏离既定航线数英里，最后炸弹都投偏了。经过几个月的狂轰滥炸，英国政府曾一度相信德军的打击目标是庄稼和牲畜。

才不是呢，他们只是飞错了地方而已。在一次空袭中，飞艇把一座苏格兰城堡炸了个灰飞烟灭，艇员还以为自己端掉了一座约克郡的煤矿；而在另一次空袭中，一名飞艇指挥官报告说他摧毁了伯明翰[1]，但实际上他整晚都在法国北部城市阿拉斯的上空倾泻火力。

不过，在他们的首次空袭行动中，飞艇对大雅茅斯和金斯林这两座渔港的轰炸还是取得了些许战果。最终地面上有两人死于轰炸，他们也成为了历史上第一批死于空袭的英国平民。这让新闻媒体一下子就炸开了锅，甚至有个头条新闻还以“空中婴儿杀手来袭”[2]作为标题。人们的这些反应正中德国人下怀。

德国人是这么想的：先用飞天巨兽把英国的乡巴佬们吓得屁滚尿流，再让他们斗志尽失，然后立刻对德军俯首称臣。结果是他们不但没有成功达到目的，甚至连计划都没有成功实施。

加利波利之战[3]过后没多久，第一次世界大战进入到了白热化阶段，死伤人数不再以千计，而是以百万计。因此，

1 英国第二大城市。

2 彼时英国曾曝出过震惊全国的阿米莉亚·戴尔连环婴儿杀害案，便出现了“连环婴儿杀手来袭”的新闻标题。这一次报纸编辑为了博人眼球，便将其改为“空中婴儿杀手来袭”。

3 又称“达达尼尔战役”，是第一次世界大战中最著名的战役之一，也是当时最大的一次海上登陆作战。

我们完全有理由假设：如果一个国家在断送掉自己的所有青壮年后仍能屹立不倒，它也能从容应对齐柏林飞艇这艘“有史以来最不合理的轰炸机”的特殊关怀。

而事实上确实如此。在德军对伦敦展开的第一轮空袭中，市民们非但没有蜷缩在地下防空洞里面瑟瑟发抖，反而争先恐后地涌上屋顶，以便更清楚地观赏这些惊人的机器。下议院的工作人员纷纷放下手头事务，跑到外面去一探究竟。萧伯纳在给朋友的一封信中写道：“虽然听起来让人难以置信，但我跟你讲啊，这些齐柏林飞艇的发动机声如此悦耳，漂浮在星幕下的身姿也是如此迷人，以至于我确信自己正期望着明晚能再来一场空袭。”

被飞艇吓破了胆？魂飞魄散？我觉得更像是被迷得神魂颠倒。

其实这件事情并不难理解。齐柏林飞艇之所以大受欢迎，不是因为其巨硕的体型，不是因为它们在密集如林的防空灯照射下像政客一样招摇过市的威严；也不是因为它的迈巴赫发动机所发出的嗡嗡细语，抑或那长达 17 英尺的红木螺旋桨的呼呼作响。不，我们之所以中意齐柏林飞艇，是因为没有什么比一位“勇争第二”的小伙子更讨人喜爱了。英国人崇拜英雄的悲壮失败，而齐柏林飞艇正是最生动的范例：和有史以来的一切机器相比，它不仅更加伟大，也更具悲剧色彩。

它的发明人费迪南·冯·齐柏林伯爵既不是飞艇驾驶员，也不是工程师。但在南北战争时期，这位德国贵族兼军官[1]倒是在美国坐了一回观测气球，体验了一把升空的感觉。尽管气球是用绳子拴在地上的，他还是立刻爱上了这种体验。一回到家他就写下了各种鬼画桃符般的笔记，研究到底什么东西会是它飞行的关键。他尝试过使用蒸汽动力，但蒸汽机过于笨重，产生的动力根本不足以让飞艇升空；电力驱动更是无稽之谈，毕竟当时一块电池就有半吨重；而若想用内燃机提供现实可靠的推力，那还得再等 25 年再说。

自掏腰包砸了一大笔钱后，齐柏林伯爵开始了 LZ1 飞艇的研发工作。它长 420 英尺（约 128 米），宽 38 英尺（约 11.6 米），是个十足的大家伙。然而，身躯庞大的它总载荷却只有 27 000 磅（约 12.24 吨），在除去铝制框架和两只船用发动机的重量后，这架飞艇的有效载荷就只剩 660 磅，差不多就是一个美国佬的体重了吧。

尽管如此，它还是在 1900 年 7 月成功飞了起来，但它的表现却还不足以给旁观者们留下深刻印象。两台发动机的输出功率还比不上一台大众甲壳虫，并且离开地面以后，飞艇弯曲得就像一根香蕉。不仅媒体认为它毫无价值，军方人员也觉得它一无是处。就这样，所有钱都打了水漂，齐柏林伯爵只好将飞艇砸了个稀碎，然后把零件当成废品卖掉了。后来他也表示："砸碎了我的飞艇，我的心也碎了。"

不过，为了让齐柏林飞艇再度升空，当时德国的一位"关门皇帝"（在那个时期的确存在）决定在他所管辖的州内

---

1 1863 年，齐柏林以军事观察员的身份访问美国，当时正值南北战争时期。

开展一次全民彩票活动。于是在五年后，也就是莱特兄弟向世界展示了何为真正的飞机之后没多久，LZ2 飞艇完成研制并升空——随后就坠毁了。

尽管齐柏林伯爵的财务状况几近崩溃，但他依旧完成了 LZ3 飞艇的制造，只不过它实在是太小了。LZ4 紧随其后，却在半空中抛了锚，迫降后就发生了爆炸。LZ5 撞上了一棵梨树，原因竟是驾驶员飞到一半的时候睡着了。LZ6 还没等到离开机库就“胎死腹中”，被一场大火烧成了渣渣。后来，等到第一架飞机成功飞越英吉利海峡后没多久，LZ7 才姗姗来迟。

LZ7 的吊篮内饰有木质镶板并配备豪华座椅，是世界上首款真正意义上的载客航空器。有一次，飞艇搭载了 23 名记者以及足以让他们吃到撑的鱼子酱，途中却遭遇了雷暴，随后它被狂风席卷着拉升到了 3 500 英尺的高度，最终在一片森林里坠毁。

LZ8 甚至都没能走到这一步——它离开机库后就被一阵风给刮走了。出人意料的是，多亏了热心群众源源不断的资金支持，齐柏林伯爵才得以一直继续研制新的飞艇。

由于公众支持的声音太大，连本是持怀疑态度的德国海军也投资买了两艘。结果，第一艘带着 15 条人命沉入了大海；第二艘在试飞时发生爆炸，28 人丧生。后来第一次世界大战爆发，更多的齐柏林飞艇都被送去当做了轰炸机，但基本上都被我们英国人当成了乐子看。

一战期间的最后一艘齐柏林轰炸艇已经是相当巨大：

700英尺（约213米）长，拥有接近220万立方英尺（约62 297立方米）的氢气容量，一次能够携带3.5吨炸弹，比以前任何一款飞艇都飞得更高更快。这着实是一次科技奇迹。但它的缺点也很明显，那就是体型太大了，更容易被敌人打下来——这架飞艇的命运就是如此，它化为天空中一团熊熊燃烧的火球，最后轰然坠入大海。

一战结束后，工厂化为废墟，年迈的齐柏林伯爵撒手人寰，并且飞机技术也实现了突飞猛进的发展。尽管如此，一个规模虽小而干劲十足的团队仍在坚持飞艇制造。他们相信这些飞艇可能，只是有可能，会在长途飞行领域大放异彩，甚至还提议把帝国大厦作为飞艇的停泊塔。然而，在1937年，“兴登堡”号飞艇准备在美国新泽西州降落时，却莫名其妙地发生了爆炸。这样也就不难理解，为什么后来乘客们都以审慎的眼光看待飞艇了。

希特勒对它们的评价十分精辟：“飞艇这个东西，在我印象里总是只可远观而不可亵玩的存在。就好比一个设计师自称发现了一种外表惊艳、永不褪色、经久耐用并且造价低廉的新型地板。但他又马上补充说地板还有个缺点，那就是绝对不能穿钉鞋在上面行走，也绝对不能把任何硬物掉在上面，因为很遗憾，地板可是用高爆材料制成的。”

不过，最后也只有希特勒发现了飞艇的真正用途。当这些大家伙在空中缓缓飞过的时候，人们无不驻足抬头仰望，这就让飞艇变成了一块完美的广告牌，就像现在固特异轮胎和富士胶卷惯用的[1]那样。于是在二战前夕，齐柏林飞艇纷纷被涂上了纳粹符，随后被送往世界各地以鼓动更多人对祖国献上支持。

而在所有这些伟大的悲剧中，独有一艘齐柏林飞艇完成过一项相当了不起的成就。其过程跌宕起伏，险象环生，毫不逊色于斯科特[2]或者库克[3]的冒险之旅。那是一场为付费旅客准备的环球旅行。

这场航行于 1929 年启程，当时的票价相当于今天的 5 万英镑。这艘了不起的飞艇名叫“格拉夫·齐柏林”，编号 LZ127。

它全长 787 英尺（约 240 米），高 115 英尺（约 35 米），在所有飞艇中俨然是一副“大哥大”的模样。不妨想象一下，当你伫立在金丝雀码头边仰望天空，一艘巨大的飞艇映入眼帘，随后缓缓飘过天际……而此时坐在吊舱里面的 60 位乘客却浑然不觉自己正处在一个庞然巨物之中。舱内的活动厅又小又窄，而客舱里面更是局促，并且还是多人间。这样的配置在今天看来实在简陋，但那会儿毕竟是 20 世纪 20 年代，已经算得上豪华了。

---

1 原文提及的两个品牌使用的分别是蓝底黄字、绿底白字的广告飞艇。

2 指罗伯特·福尔肯·斯科特，英国海军军官、极地探险家。他曾带领另外 4 人抵达南极点，但所有成员在返程途中先后遇难，这个故事被奥地利作家茨威格写在了《人类群星闪耀时》中。

3 指詹姆斯·库克，英国探险家、绘图员、海军军官。他曾于 1768 年至 1779 年间三次奉命出海前往太平洋，并绘制了大量精准详细的航海地图。

飞艇上的每个人都会着盛装出席晚宴，你能想象这是一幅怎样的画面吗？身处几乎没有噪声的飞艇中，一边品尝美酒，一边享用进口奶酪；同时还能飞越世界上的大片区域，成为第一批从空中俯瞰沿途国家的人——苏联就是被他们尽收眼底的对象之一。晚餐过后，夜色渐深。窗外皓月当空，清辉幽幽地淌入辽阔苔原，如诗如画；舱内气氛轻松，人们在留声机欢快的乐声中跳起了查尔斯顿舞，其乐融融——虽然飞艇对载重有严格的限制，但还是有人把留声机偷偷带了上去。

此前，人们也完成过许多次了不起的旅程。但是那些旅程，尽管目的地或者路线是新鲜刺激的，可旅客们所乘坐的工具依然是久经考验的轮船或雪橇。而乘坐“格拉夫”号飞艇的环球冒险则恰恰相反。乘客们并不会去往什么激动人心的地方，只会回到出发时的原点；令旅途与众不同的，正是他们乘坐的飞艇。飞艇才是这段旅途的美妙之处。

飞艇上的记者们每天都会用信鸽发出自己写的报道。他们的作品与其说是新闻，不如说是华丽梦幻的散文。有位名叫格蕾丝·海·德拉蒙德·海[1]的女士，作为艇上唯一的女乘客，贡献出了一则金句：“格拉夫·齐柏林远非一艘由帆布和铝架搭起来的飞船，它拥有自己的灵魂。”

旅途顺利结束还不到 12 天，飞艇驾驶员雨果·埃克纳

1 格蕾丝·海·德拉蒙德·海：英国女记者，因搭乘“格拉夫”号齐柏林飞艇而成为世界上第一位飞行环游世界的女性。

就被人们捧成了一位英雄。但在我眼里，这艘飞艇才是真正的明星。

我曾三次乘坐波音和空客飞机环游世界，而每一次体验都能刷新我对“痛苦”二字的理解。在漫长无尽的几个小时内，飞机跨过一片又一片海洋，坐在客舱的我只有单调乏味的发动机声作伴。除了看着自己因“经济舱综合征”而肿胀的双腿，并及时把它们抖松之外，就只能无所事事。那种无聊完全可以把一个人逼疯。但你若告诉我明天可以再安排一次环游世界的飞艇之旅，那我肯定会像汤姆猫一样飞快地出现在你面前。

飞艇也有自己的阴暗面，怆然且惆怅。它的身躯不仅臃肿易爆，而且在变化莫测的天气面前也不堪一击。就像动画片《小熊维尼》里面的屹耳，它时常为自己作为一匹驴子的惨淡命运顾影自怜；飞艇被那些因人类的愚蠢而与生俱来的设定束缚着，却也只能逆来顺受。

我看待它们的眼光，或许就和环保主义者看待鲸类一样。飞艇体型巨大，笨重不堪，在广袤的由空气组成的海洋中遨游，无论半路上遭遇了什么气流，都只能听天由命。信鸽与飞艇之间玄妙的沟通方式，在我看来就和鲸通过嗡嗡声彼此交流一样愚蠢。可是，当你见到一头鲸，正如我曾在夏威夷海岸见到一头时那样，想必你会和我同样情不自禁地停下脚步，目不转睛地凝视着它。

当“格拉夫”号飞越天际的时候，人们定也会目瞪口呆，驻足凝望。当时，东京就有五十万人见证过它史诗般的航行。在接下来的几年里，人们依然在惊愕和新奇中注视着它——这台巨大的银灰色“广告牌”飞遍全球，将纳粹思想播散到了世界各地。

然而，最终葬送了它的，也正是纳粹党。纳粹分子戈林[1]，表现出了令他如此臭名昭著的极端人道主义倾向，下令将“格拉夫”号飞艇拆解报废。多么悲惨的结局，但这也凸显了关键的一点——如果是一台其他的机器，世人根本就不会在乎它的死活；但我们之所以如此在意这艘飞艇，其实就和1929年海·德拉蒙德·海女士当时所说的一样：格拉夫·齐柏林远非一个机器，它拥有自己的灵魂。

---

1 赫尔曼·威廉·戈林：纳粹德国政治和军事领袖，在纳粹党内有着巨大的影响力，国家秘密警察组织（盖世太保）就是他创立的。

“飞天苏格兰人”号火车

如今，你依然能够偶尔在火车站遇见一些“火车迷”。他们经常蹲守在火车站台的尽头，怀里揣着装有三明治和菜汤的特百惠餐盒，还将夹克的风帽拉紧以抵御狂风暴雨。看着他们，你只会产生一个疑问：这些人到底图个啥？

只有在我醉得不省人事的时候，才能稍稍理解那些飞机迷。毕竟这世界上有形形色色、五花八门的军用飞机的名字值得在笔记本上记录下来。但我们从来就没听说过什么“战斗火车”或者“隐形火车”之类的东西。这么多年来，火车就是火车，一直是老样子。如果有一列火车总能准时到站，那它就是好火车；要是一列火车从头到尾就根本没在车站出现过，那它就是坏火车。

以前，众多铁路公司百家争鸣，也还没有所谓的规模经济。那时候的世界，是珍妮·艾加特[1]的倩影从弥漫的蒸汽

1 珍妮·艾加特：英国女演员，曾参演《复仇者联盟》和《美国队长 2》。

中浮现、伯纳德·克里宾斯[1]怡然自得地为栽种在车站里的天竺葵浇水[2]的世界。当时已经有了特快列车和用于拉煤的机车，但你在约克郡和南威尔士看到的火车完全是两个样。你可以和留着奇怪胡子的朋友在火车头改造成的复古酒吧里相聚，回忆起自己看到一辆竟然被刷错了涂装（!!!）的大西洋海岸 4－6－2 型[3]火车的那天。所以说，观察研究火车是有意义的，虽然得承认那并不伟大也不前沿，但多少还是有点儿用处。

现在的青少年们宁可花一整晚的时间在网上看些乱七八糟的东西，也不会把时间拿来研究火车。但把话说得极端点儿，我敢打赌，在全世界生产过的一共 66 万台蒸汽机车中，他们也就只能说对其中一台的名字。

那就是格雷斯利太平洋 4472 号机车。它还有一个家喻户晓的称呼，叫做“飞天苏格兰人”号。

对于像凯文·基冈[4]、戴安娜·里格[5]还有我，这一类出

---

1 伯纳德·克里宾斯：英国男演员，参演作品有《007 别传之皇家夜总会》和《毕加索的奇异旅程》等。

2 前述两个场景均出自 1970 年英国电影《天下儿女心》（又名《铁道儿童》），两位被提及的演员扮演了片中的角色。

3 该火车的型号数字来自于世界上最普遍的蒸汽机车分类法——华氏式别。型号中的三个数字分别代表机车前端的导轮、中间的动轮及后端的从轮数量。

4 凯文·基冈：英格兰足球运动员、教练员，曾效力于英超利物浦足球俱乐部，前锋球员。

5 戴安娜·里格：英国女演员，曾出演《复仇者》《权力的游戏》等影视作品。

生在唐卡斯特的，呃，名人来说，听到自己的家乡最出名的“孩子”竟然是一部不过尔尔的火车，一丝羞恼顿时涌上心头。

它被选中代表伦敦及东北铁路公司（LNER）参加了1924年的大英帝国展览会。它的这次亮相并不是因为它是公司最优秀的成果，而是因为当时公司急需一辆拿得出手的火车去参展，而且它当时还有点坏了。

展览结束后，这辆火车经过了修理，随后再次代表公司“出战”——它参加了一场比拼速度和效能的竞赛，对阵大西部铁路公司麾下的顶级火车。赛后的结果显示，“飞天苏格兰人”号不仅更慢，还耗煤更多，完全没法跟对手相比。

对于这样的战果，“飞天苏格兰人”号的设计师和股东们倒表现出一副无关痛痒的样子。这就和当时全世界的轮船公司的说辞如出一辙：“为了不让机器因极限运转而产生安全隐患，我们绝不盲目追求突破速度纪录。”他们说得都对，我差点儿就信了。

那都只是表面功夫而已。他们其实早就暗地里把火车发动机带回了它的老家唐卡斯特，然后这儿修修，那儿改改，就是为了让它跑得更快一点儿。此外，他们还在拖在机车头后侧的煤水车里加装了一条通道，这样车组成员们就可以在不停车的情况下从机车走到车厢去。这样一来，驾驶员们就可以在火车行进过程中完成交班了。

得益于此，“飞天苏格兰人”号在1928年就创下了纪录——从国王十字车站到爱丁堡车站的路线全长392.7英里，火车只用了差不多8个小时就跑完了全程，而且中途没有停顿。媒体顿时欢呼雀跃，群众也为之欣喜若狂。“飞天苏格兰人”号一战成名。

它甚至还作为“火车明星”出演了英国的第一部有声电影《讹诈》。我自然可以和你讲讲这部电影的内容，但其难度不亚于向你阐述《黑客帝国》的情节，所以还是算了吧。一言以蔽之，自20世纪30年代伊始，“飞天苏格兰人”号就成为了英国的国家标志。

但很快就传来了噩耗。德国那边流出的消息称，有一台新型的柴油机车以每小时77.4英里的平均速度完成了从柏林到汉堡的路线（全长178英里）。输给英国大西部铁路公司的那群草包是一回事，而输给那些德国野人就完全是另外一回事了。

于是，为了让德国佬认清谁才是真正的老大，“飞天苏格兰人”号动身前往利兹，投入到一场“北伐南征”当中。然而，火车北上的平均速度仅有每小时72英里，南下的速度也同样不尽如人意。但出人意料的是，当它尝试突破更高的均速时，却在不经意间打破了另一项纪录：重达147吨的“飞天苏格兰人”号成为了世界上首台时速突破100英里的火车。这让它占据了BBC的九点档新闻头条，听众们无不为之欢呼癫狂。

在一段辉煌的日子过后，“飞天苏格兰人”号变成了一列缓慢地往返于东海岸线上的火车，名字也改回了4472号。一直到1961年，它都只是大家眼中的又一款蒸汽机车。在柴油机车渐渐取代蒸汽机车时，国家专门成立了一个委员会来挑选有历史意义的机车来送入博物馆珍藏，“飞天苏格兰人”号竟然遭到了冷落和忽视。他们的理由是博物馆只能容纳一台格雷斯利太平洋型号的机车头，被光荣珍藏的名额应该属于当时的速度纪录保持者“马拉德”号[1]。

两年后，也就是在1963年1月14日，“飞天苏格兰人”号不再为铁路运输服役。至此，它的总行驶里程已达到了惊人的210万英里。然而，它的谢幕却没得到任何观众的关注，除了站台上的火车迷。他们匆匆扔下手中的餐盒，强烈要求当局采取行动，声泪俱下地嚎啕道：“你们不能就这么把它报废掉。”

令人欣慰的是，火车迷的抗议声得到了一位唐卡斯特小伙子的注意，他就是艾伦·佩格勒[2]。他掏出3 000英镑买下了“飞天苏格兰人”号机车——这个价格，可比它造价的一半还要低一点儿。

于是，他带着“飞天苏格兰人”号重返铁路。他这么做其实不为别的，就是为了某种游玩消遣。我自然也是相当高兴，因为这样一来我就可以时不时地看见它呼啸而过的身影了。在童年里的某个地方，虽然我已经忘记是在哪里了，但我仍清楚地记得，我曾把几个硬币摊在铁轨上，等着飞驰而来的“飞天苏格兰人”号将它们压扁。

---

1 “马拉德”号机车（Mallard）：伦敦及东北铁路A4型4468号机车，拥有流线型车身和蓝色涂装，也被人们称为“野鸭”。

2 艾伦·佩格勒：英国商人，企业家，同时也是铁路保护主义者。

说出来不怕你笑话，我当时只有7岁——真不知道我爸妈是怎么想的，竟然允许我独自一人跑去铁路边上玩？当时的我不知道什么速度和耐力的纪录，也不知道什么大英帝国展览会。但有一点我很清楚，那就是“飞天苏格兰人”号不知何故，就是与众不同。老实讲，小时候的我还是更喜欢那部疾驰着穿过唐卡斯特的巴克·罗杰斯柴油机车。

但这并不能否定“飞天苏格兰人”号在我心目中的独特地位。原因可能是它气喘吁吁、喷云吐雾的模样，不仅像一条巨龙，也像是在告诉世人：它依然健在。但更有可能的是，我就是被它的美丽深深吸引。

弗朗西斯·培根曾说过，“但凡臻美之物，皆有突兀之处”。卡梅隆·迪亚兹[1]的样貌完美诠释了这句话，因为她的嘴巴看起来就像一片西瓜。然而，“飞天苏格兰人”号的存在却证明这句话是错的——因为它全身上下没有丝毫突兀之处。它看起来如此闪亮迷人，一方面是因为它的设计极为精到，整体平衡匀称；另一方面则是因为，它气场威严，彰显着一股呼之欲出的气势：“我就是这么强大，我就是力量的化身!”

这么多年来，“飞天苏格兰人”号已经踏遍了世界各地，并且除了我老婆和凯特·摩丝[2]之外，几乎所有人都买过它

1 卡梅隆·迪亚兹：美国女影星，曾经出演过《变相怪杰》《霹雳娇娃》等电影。

2 凯特·摩丝：英国女模特，演员。

的使用权。就在我写作的这会儿，它又开始寻找下家了，只不过它的身价早已不再是曾经的 3 000 英镑，而是夸张的 250 万英镑。

尽管这列古董蒸汽机车实为英国工程学遗留下来的一块瑰宝，但对于一台已经没有实际用途的机器而言，这个价格似乎过于高昂。然而它并不单纯是一台机器，就像阿斯顿马丁 DB7 或 F－16 战斗机一样，它自身也是一种艺术的载体，犹如一尊难得的雕刻作品。所以，就算它已成为历史，无法再载着你领略千山万水，那就把它放在自家的花园里欣赏吧。

B－52 轰炸机

1962 年秋，美国总统肯尼迪和他的幕僚们在一座重重封锁的地堡内，讨论着苏联对古巴部署的一系列新型导弹，以及美国对此可能采取的预案措施。而与此同时，远在世界另一头的莫斯科，赫鲁晓夫正琢磨美国所谓的海上封锁到底是不是在虚张声势。整个世界笼罩在核战争威胁的阴霾中。

矛盾其实很简单。美国不想看到苏联把导弹摆在隔海相望的、距离佛罗里达海岸仅 90 英里的古巴；而苏联不觉得这有何不妥，毕竟美国也把导弹架到了土耳其，距离苏联边境只有 150 英里。

双方之中，无论是谁想赢得对抗，一场可怕的核战争都在所难免。因此，人们亟需一个让两边都不会吃亏的解决方案，只可惜这似乎根本没法实现。

我当时只有两岁，所以最担心的事情是……说实话，记不清了，可能是跟吃饼干有关的吧。而我老爸老妈就不一样了。他们后来都承认，自己当时真是吓坏了。

但我认为，这并不意味着他们是愚蠢的自由主义者，他们只是两个孩子的父母，担心一家子很快就要被核爆的光焰烧成灰烬。在世界毁灭的钟声即将敲响之前，他们觉得怀孕分娩以及之后经历的一切辛酸和苦痛都失去了意义，因为一切都要完了。

如今，我们只需要担心一小撮心怀不满的阿尔及利亚青年[1]，他们脑中或许还想着去报复社会和他人。但回到古巴危机那会儿，整个世界的安危掌握在两个超级大国手上，并且两方持有的核弹都足以将地球毁灭十几次，光是想想就不寒而栗。

而 B–52 轰炸机就是美苏两国仇恨和嫉妒的象征，它从设计到制造都只有一个目的，那就是向男人、女人和小孩投放原子弹。所以从人权的角度来看，我们在今天面对它，理应怀着对待纳粹万字符同样的怨恨和憎恶。

可是，真该如此吗？

几年前，也就是在柏林墙倒塌、美国与俄罗斯间的关系缓和很久之后，我参观了位于亚利桑那州图森市郊的戴维斯·蒙森空军基地。由于美国空军淘汰下来的所有飞机都会被送到这里，它因此也被称为飞机的“坟场”。

记得当时天气宜人，温暖而干燥。土壤碱性很强，因此

1 此处暗示 21 世纪初可能还有些阿尔及利亚人仍对约半个世纪前的“巴黎惨案”怀恨在心。阿尔及利亚曾是法国的殖民地。1954 年，阿尔及利亚人民发起了争取独立的斗争。1961 年 10 月 17 日，数万名居住在巴黎的阿尔及利亚人走上街头，抗议巴黎政府禁止他们在晚上 8 时 30 分后出门的宵禁决定，同时声援当时阿尔及利亚国内的独立战争。法国政府对抗议人群进行了暴力镇压，造成多人死亡。

放置了很久的铝合金机身也未受到侵蚀，甚至那一百来架 F-4“鬼怪”战斗机[1]看起来就和崭新出厂的一样。

不过最令我感到震撼的，不是飞机的保存情况，而是它们的数量。从轰炸机到直升机，成百上千架你能想象到的飞行器排列得整整齐齐。有的在等待报废，有的在等待出售，还有的在等待重返战场。它们身上的精密设备早已卸下，甚至连燃料和管液也被抽干，只能怅然地待在原地，待在沙漠干燥的空气中。好一幅凄凉沉寂的景色。

但当我走到基地后面，大约离前门 5 英里的地方时，我看到了“坟场”中最惊人的画面：一座散发着残忍气息的巨型“断头台”矗立着，大铡刀对准面前一架 B-52 轰炸机的左翼齐根劈了下去。那巨大的飞机打了个趔趄，机翼应声而落，随后它似乎又勉强站稳，等待着接受下一轮的酷刑。很快，它的另一只臂膀同样被斩断，最后连机身也被硬生生地一分为二。

这就是《第一阶段削减战略武器条约》[2]生效下的另一个实例。这架 B-52 的落幕意味着人类距离核战争又远了一步。凭着亚利桑那州万里无云的天空，俄罗斯的间谍卫星可以将我们的一举一动都看在眼里。毫无疑问，远在莫斯科负责监视的人看到这个画面肯定嘴都要笑歪了。我也应当为之

1 美国在 20 世纪 60—70 年代的主力战斗机，于 1996 年退役。

2 《第一阶段削减战略武器削减条约》：美苏两国于 1991 年签订的条约，要求两国拆除大量导弹和飞机，旨在削减并限制战略性进攻武器。

高兴，但不知为何，我实际上丝毫没有这种感觉，反而有一股哀伤涌上心头。因为尽管 B-52 经历过许多波折，我依然热爱它——这架被美国空军戏称为“叠加法力”（这个诨名也意味着“丑鬼肥佬”[1]）的轰炸机。

这种情感难以详尽地解释出来。有一部分原因，是我认为机器是无辜的。这些轰炸机根本就不知道自己是为了投放原子弹而设计的，也根本不知道那些炸弹意味着什么。它并没有自告奋勇地将破坏与毁灭带给越南、波斯湾或者科索沃。它只知道启航时自己的货舱里装满了东西——至于这些“货物”到底是什么，它觉得可能只是一些沉甸甸的鸡蛋吧。随后，它拖着沉重的躯体，风雨无阻地飞行了长达 45 小时——中途不允许停歇。它四十年如一日地从事这项任务，最后却稀里糊涂地被送上了“断头台”，被迫接受肢解殆尽的厄运。

二战过后，整个世界都是一幅繁忙而混乱的光景，B-52 轰炸机在此背景下写下了它自己的史诗。从那个属于活塞发动机和传统炸弹的世界，来到如今这个属于核能和喷气机的世界，仿佛就是眨眼之间。因此，似乎没人确切地知道什么样的飞机才能满足现实的需求，尤其是在当时的苏联看上去正在从方方面面对我们造成威胁的情况下。

为应对战后需要，波音公司曾数次尝试生产远程轰炸机，但每一次都在上级的要求下中途易辙，将重点转向提升

1 原文为“the BUFF，The Big Ugly Fat Fucker”。

飞行速度。后来又有人提要求："你们在研发提速的时候，能不能也增加一下它的载荷?"于是，他们又将原来的涡轮螺旋桨发动机换成了 6 台来自普惠公司的喷气式发动机，并把机翼向后掠了 20 度。至此，这款飞机已经基本万事俱备。

"这样很好。"军方表示，"但你们能让它再快点儿吗?"听罢，研发人员将机翼又后掠到 35 度，又加装了 2 台喷气发动机，等于说飞机总共搭载了 8 台发动机。于是两侧机翼各被挂上了四台沉甸甸的发动机。为了防止"翅膀"不堪重负地"耷拉"到地面上，他们还在两侧机翼的末端各安装了一个小小的轮胎以作支撑。

此时，康维尔公司也加入了竞争行列，为军方高层献出了一架当时世界上最大的飞机[1]（直到十六年后 C－5 银河运输机的问世才打破了它的纪录）。这架飞机同波音公司的 B－52 相比，不但体型更大，并且身板更硬朗，同时还能装载更多货物，而且最重要的是，它的造价要便宜得多。不过军方最后还是选择了 B－52，原因很简单——得益于那八台发动机，B－52 的速度比对手快了每小时 100 英里，而军方其实也深知：速度即是一切。

到了 1952 年，B－52 又进一步增加了机翼后掠的幅度。在一个月黑风高的夜晚，人们揭去盖在它身上的苫布，将它缓缓驶出机库。此时，全世界已被铺天盖地的冷战妄想所侵蚀，人们担惊受怕、惶惶不安。

1 指康维尔 XC－99 运输机。

它的体型着实庞大，垂直尾翼有5层楼那么高，而185英尺（约56米）的翼展宽度更是令人难以置信，它仅仅比现在的波音747短了10英尺。

B-52首航结束后，试飞员泰克斯·约翰逊向一众等待试飞结果的达官显贵们表示："这是架相当不错的飞机。"但他这话只是在阿谀奉承罢了。当天晚些时候，他就找到波音的工程师抱怨说，开B-52的飞行员需要新的飞行服——"×的，开这破飞机真是累死个人，那操纵杆能把我膀子练得比腿还粗。"

工程师很快就进行了改进，但这么一来，打造这款伟大机器就成了一项拙劣的工作。因为它其实已经成型，但又要被改得平庸无奇，还得尽量让人满意。在1952年那会儿，没人会想到这款轰炸机到五十年后依然能够运转。

B-52轰炸机共生产了744架，最后一架出厂于60年代中期，当年我还没几岁，满脑子都想着饼干。因为它们的设计服役时限到2045年才结束，所以到那个时候，哪怕是最后生产的那架B-52也基本是一件古董了。毫无疑问，这会让它成为有史以来最出色的机器之一。

让B-52更加令人印象深刻的是，它从未真正履行过自己在设计之初就被期待完成的使命，因为它未曾投下过任何一颗原子弹或氢弹。当然，曾经有一次，所有人都以为它真的会这样做……

1960年，美国人估测自己会有15分钟的时间应对核攻击，于是美国空军要求所有B-52轰炸机必须在收到核预警后的一刻钟之内完成武装并起飞。这可是一项艰巨的任务，不仅各乘员不得不在飞机旁枕戈待旦，而且为了节省时间，原子弹必须时刻装在机舱里，而不是存放在地堡里的核武库中，其危险性可想而知。但更糟糕的还在后面。

短短三年后，美国人就意识到他们根本没有 15 分钟那么久的时间做出反应。实际上，在这个洲际弹道导弹盛行的时代，留给他们的时间只有 4 分钟。于是他们又要求在警报响起的 240 秒内，所有 B-52 轰炸机必须完成升空并在抵达指定地点后还击。

让人没想到的是，空军部队竟然真的试着履行这些苛刻的命令。他们安装了火药筒式的点火器，能够一瞬间就发动所有发动机，还增加了水喷射[1]装置，让发动机动力更上一层楼。然而，就算飞机能喷着团团黑烟匆忙升空，空军也无法在 4 分钟内完成一系列作战行动。

没办法，那就只能让至少 12 架装有核弹的 B-52 轰炸机在 4 万英尺的高空待命，保持全天在岗执勤。这就意味着，在空中给它们加油简直是噩梦——轰炸机编队需要紧贴加油机飞行，还揣着一“肚子”核武器。

所以十年来，他们是怎么做到一次事故都没发生过的？真让人费解。换句话说，如果这样的行动真实存在，那么事故肯定在所难免。

事实上，1959 年，一架 B-52 就在肯塔基上空和加油

1 水喷射：将水引入发动机中以增强燃烧动力，实现快速起飞或加速爆发。

机发生了碰撞，飞机连同它携带的两枚核弹一起坠落，所幸没有发生核辐射泄漏。

但在 1966 年 1 月 17 日，同样的事故于西班牙上空再次发生。一架 B－52 撞上了加油机，四枚核弹随飞机一同砸向地面，其中两枚发生了泄漏。于是西班牙上演了一场史无前例的核污染清理行动。

你猜怎么着？1968 年 1 月，在格陵兰岛的浮冰群上空，一架载有核弹的 B－52 轰炸机在尝试执行一次紧急迫降时坠毁。核泄漏又发生了。这次，美国已经是忍无可忍，终于决定为这项国防策略画上句号。彼时他们已经研制出了核潜艇，所以没有必要再让 B－52 抱着核弹在天上飞来飞去了。

B－52 的服役生涯看上去已走到了穷途末路。兴许只有少数几架能像以前一样，为美国航空航天局和美国空军的各项实验充当空中发射平台。而曾经那个向地面播撒毁灭和死亡的角色，似乎不再需要由它来扮演。

没过多久，有人就意识到，只需将机舱内部稍作修改，B－52 就可以变成一架常规轰炸机。而这将为美国在越南战争扭转局面。“这样准没错。”大伙心里都这么想，“这么大的飞机能装下 60 000 磅的炸弹，肯定能给那群越南佬好看。”

但行动一开始就很不顺利。他们在东南亚的第一场任务中就折损了一架加油机；还有两架 B－52 轰炸机撞在了一起，总共 12 名机组成员中只有 4 人生还。尽管剩余的飞行编队抵达了目标点并向地面投放了数百枚炸弹，但这时候敌军早都撤走了，所以行动算是扑了个空——这场任务耗资两千万美元，还搭进去了 8 个美国士兵的生命和 2 架轰炸机，最终却只干掉了 2 名北越人和一家米店。

但这口黑锅可不该让 B－52 来背。这纯粹是因为美国人的一个老毛病——过分自大。

不过，他们最终还是想出了办法让 B－52 的空袭更加精准。哪怕轰炸目标距离地面上的友军只有不到 300 码，他们也能轻而易举地完成任务。不过现在看来，这种精准轰炸的“艺术”在美国似乎已经失传了。

相信大家在电影中都看到过这样的画面：B－52 轰炸机在越南上空呼啸而过，然后将炸弹一股脑地扔下去。我想所有人都思索过，在此般猛攻之下，地面上会是怎样一番惨烈的情形？但我还是先告诉你吧，实际情况并没有看上去的那么糟糕。1966 年 4 月 11 日（当天正好是我六岁生日），美国派出了 30 架全副武装的 B－52 轰炸机。所有飞机的机舱里总共装载了 24 枚 1 000 磅航弹，连机翼下方也挂了总共 24 枚的 750 磅航弹。他们把越方的一条补给线炸了个稀烂。然而，短短 20 小时过后，这条补给线又恢复了运作。

两周后，轰炸机们又带着炸弹“故地重游”，最后仅仅在路上留下了 32 个弹坑。而不到一天的时间，越南人把这些弹坑又填了起来，看起来就像无事发生一样。美国人决定消停一会儿，暂缓对越南北部的轰炸行动。

起初，高层人员并不愿意让 B－52 参与高风险任务，因为只要有一架被打了下来，就无疑会助长敌人的士气。但到了 1972 年，美国眼看就要输掉战争，所以不管是什么飞机，全都得上。

B－52 轰炸机奉命对越南最北部的地区进行轰炸[1]，一路上需要飞过敌人的防空导弹阵地。这首先有个条件，那就是它们得能够飞起来才行——修在关岛悬崖顶上的跑道太短了，B－52 在升空后实际上会先向下坠，飞行员必须拼命拉升飞行高度，至少要到 700 英尺，只有在这个高度他们那向下弹射的座椅才能派上用场。

在“后卫战役”[2]中，美军的轰炸异常猛烈，以至于在后来的巴黎和谈会议上，北越谈判团也开始采取更加积极的态度。结果是美军停止了空袭，但同时北越军队也得到了喘息的机会来修复防空设施，反过来这也给和平谈判又带回了一些火药味。

1972 年 12 月和谈结束，越南谈判团前脚刚走，尼克松就对他的助手说道：“下次我要给这群混蛋来一场前所未见的轰炸行动。”换句话说，他把 B－52 轰炸机当成了一种外交工具。

但越南战争最后以美国的失败告终，所以没人知道 B－52 轰炸机到底表现得有多好。若是没有这些飞机参战，最

1 越南战争时期，美国采取了“南打北炸”的战略，即在南越以军事行动为主，在北越以破坏补给线和交通线为主。

2 “后卫”战役（Linebacker Operation）：越南战争期间，美国于 1972 年 5 月至 12 月对北越发动的空袭行动，旨在阻止北越对南方人民武装力量的支持，最大限度地削弱北越对南越发动攻击的能力，以便在巴黎秘密和谈中占据主动，达到“以炸迫和”的目的。

后的结果会有所不同吗？谁知道呢。我们能确定的是，有 2 架 B－52 在战斗中受损并报废，另有 17 架被击落。

今天，位于河内的越南战争博物馆外，其中一架 B－52 轰炸机——或者说是残骸——正静静地躺在那里。我很想告诉你，当我看见这些弯折破碎的残骸时，内心有多么触动；但等我踏进博物馆，看见 B－52 轰炸机造下的罪孽后，之前的触动便烟消云散。我看到了婴儿支离破碎的躯体，他们所承受的苦痛，是你我根本无法想象的……你知道吗，再回头看看那七零八落的飞机残骸，我只觉得它罪有应得。

现在这里已经更名为"战争博物馆"，就这项改名的举动来说，我想越南人都永远值得赞扬。因为在我当年造访那里的时候，它的名字还是"美军罪行博物馆"。可见，现在的越南人民已经原谅了美国人。至于我，想必大家也了解了——我也原谅了这架飞机。

虽说如此，但在最近，知道有一些 B－52 轰炸机会离开格洛斯特郡机场向伊拉克[1]飞去，我不得不承认，这些掠过我家屋顶的飞机使我的后背一阵阵发凉。在不到七个小时后，当我准备钻进被窝以隔绝夜晚的寒冷的时候，它们将把重达 6 万磅"会爆炸的外交策略"抛向巴格达。我一想到这一点，心里就有种说不出的难过。

这也就是远程轰炸机最吊诡的特点。它配有巡航导弹和激光制导炸弹，足以将一座城市夷为平地。但同样是由于它

1 指英美联合部队对伊拉克发动的军事行动。

的航程，它所生活的世界，却是一个鸟语花香的世界，与那充满震慑的战场相去甚远。这就让它显得有些异类，又有些可怖。

五十年以来，B－52一直都在警醒着世人：我们平淡生活背后的整个世界，并不是个安全的地方。在当权者宣布这些B－52轰炸机要一直服役到21世纪中叶的时候，也是在告诉我们，他们其实并不指望紧张的世界局势在不久的将来会有多少缓和。

胡佛大坝

胡佛大坝是世界上首个在规模上超越吉萨金字塔的砖石建筑，但它不仅仅是660万吨混凝土的简单堆积，也不仅仅是矗立在荒郊野外的一堵白墙。是的，它十分壮观、令人惊叹；它生动地显示出人类的力量与才智。但它最重要的特征在于，它是一颗心脏——一颗壮硕有力的心脏。

它的体内装有17台发电机，每一台的重量都超过了100吨。它们各自以每分钟90转的速度运作，总共能够产生大约300万匹马力，完全可以满足美国西部多达180万人口的电力需求。这座巨物最奇异也最厉害的一点在于，它竟然以水作为自己的“燃料”，而科罗拉多河就是它不竭的动力之源。

许多年以来，科罗拉多河从它所流经的群山间，卷下了大量的泥沙和土壤，实实在在地改变了美国的地形。大量的泥沙被冲积入海，从而形成了新的陆地。由于加利福尼亚湾延伸到了更远处，时至今日，科罗拉多河的长度已经延长了150英里。然而，对于这条神奇的水路而言，改变大陆形状只是它的开场秀而已。

要知道，这条河可不只是一位泥沙搬运工。它还是一个喜怒无常的“恶棍”，拥有着凡人难以理解的磅礴力量……有一回我走了运，在赌城拉斯维加斯玩“21点”[1]赢了点钱，便决定用这笔钱坐直升机去参观科罗拉多河最伟大的作品——大峡谷。

当我们飞越城市边界后，飞行员把飞行高度降得越来越低，直到起落架距离下方的沙漠只有区区几英尺远。可说时迟那时快，近在咫尺的沙地顷刻之间变成了落差1英里的深渊。我的胃里翻江倒海，我的眼睛瞪得溜圆，连牙齿都来回晃动着。虽然我曾在荧幕和照片中领略过大峡谷的风貌，但第一次目睹它时的震撼之感，会打败既往的一切心理准备。放眼望去，峡谷纵横广袤，大自然的神乎其神，让我难以置信。

远在下方的河岸似乎长满了青草，为这片贫瘠且充满敌意的土地增添了一抹绿意。但随着直升机逐渐下降，我才发现岸上的“青草”实际上是一片苍翠的树林。身在此谷，你对空间的认知会发生错乱，即使是粗壮的苏格兰松[2]亦或其他品种的高大乔木，在大峡谷的参照之下，看起来都像一株株不起眼的小草。

着陆后，我沿着河床漫步。看着这条河像利斧一样在地壳上劈开了一条巨隙，我心里不禁冒出一连串疑问：这究竟是怎么形成的？我们不曾往这里丢过核弹，也没有什么核武

1 纸牌游戏，又名“黑杰克”（blackjack）。使用除大小王之外的52张牌，游戏者的目标是使手中的牌的点数之和不超过21点且尽量大。

2 又名“欧洲赤松”，其高度在原产地能达到40米。

器能炸开如此庞大的鸿沟，可它到底是如何被创造成这样的呢？

它并不如想象中那么像一条携着泥沙在峡谷中缓缓蛇行的棕色蠕虫。它裹挟的泥沙让水体异常浑浊，可冲积洲的厚度却还不能满足耕作需求，所以人们曾有“浊而不能饮，稀而不可犁”之说。但当时正值六月，四周都是一片祥和宁静的光景。

但到了春天，情况就大不一样了。到那时，洛基山脊以西的厚厚的积雪开始融化。在 1 000 平方英里的范围内将会形成数百万条缓缓流淌的溪水，它们不断合并成更为急涌的湍流，最后汇聚于科罗拉多河。从而使这条大河每天的流量都高达几十亿加仑（几千万立方米）。它咆哮着奔流而下，好似沸腾了。哪怕是坚不可摧的火山石，在它面前也毫无存在感，因为它不费吹灰之力便可将其劈穿。

数百年来，人类从未把科罗拉多河放在心上。只知道当它静静流淌时，涓流似乎无法为人所用；而当它放纵奔腾时，巨力又堪使地崩山摧。

然而，自 19 世纪初以来，深藏于人类心底的自大种子开始萌芽。像英国的斯蒂芬森[1]、布鲁内尔[2]和特尔福德[3]，

1 乔治·斯蒂芬森：英国工程师，第一次工业革命期间发明了火车，被誉为“铁路机车之父”。

2 指伊桑巴德·金德姆·布鲁内尔。

3 托马斯·特尔福德：英国建筑师和土木工程师，曾主持建造多座监狱和桥梁等建筑。

他们勇往直前，踏上了前人未曾探索过的道路。钢铁巨轮征服了大海，火车拉近了城市间的距离，桥梁为自古以来长久相隔的族群建立了往来相通的纽带。

于是，我们开始相信“人类势不可挡，万物皆将臣服”。因此美国人也决定要去征服科罗拉多河。一位名叫查尔斯·洛克伍德的年轻测量员兼工程师（和布鲁内尔比可差远了）意识到科罗拉多沙漠的海拔远低于科罗拉多河，他便打算修建一条支流，水在重力作用下就会被引向沙漠，为干涸之地带来生机与富饶。

真是天才的想法！寸草不生的沙漠将会变成郁郁葱葱的牧场，土地价格也会飞速暴涨，能让他赚个盆满钵满。

他在洛杉矶找到了一位富有的金主作为投资人。同时，他还觉得“科罗拉多沙漠”这个名字略显荒凉，很煞风景，便将其改为“帝王谷”，听起来就顺耳多了。随后，人们开始购买地权。他的运河在 1901 年 5 月 14 日首次通水，在之后的一段时间内，所有进展看起来都相当顺利。至此，已有 7 000 人完成了迁移，来到“帝王谷”。农业生产的成果甚至远远超出了之前最乐观的预测。人们大喜过望。

不过，这位查尔斯仁兄还是太年轻了，没有把事情考虑全面。要知道，他的运河在引走水流的同时，还携带了巨量的泥沙，以至于在短短三年后，运河就有长达 4 英里的河段被完全阻塞，结果那一年人们颗粒无收。

但和接下来发生的事情相比，那些枯死的小麦就显得不值一提了。

洛克伍德给出了解决方案，那就是再修一条运河——鬼知道他是怎么想的。他并不知道自己即将打开祸事的闸门，步入一场关乎生死存亡的噩梦。

1905 年 3 月，春季，几乎就在第二条运河建成之后，山顶的积雪开始融化。雪水汇聚到一个叫索尔顿的地方，渐渐形成了一个湖泊。人们将它称之为“索尔顿洼地”，并认为尚有充足的时间来考虑如何处理这些积水。可实际情况却恰恰相反。在短短半年后，洼地的覆盖面积就扩张到了 150 平方英里，水深也达到了 60 英尺，并且蓄水量仍在以每秒 15 万立方英尺的速度暴增——你没听错，相当于每秒会有 4 247 吨的水涌入。

照这个速度发展下去，人们要处理的将会是一片内陆海洋。

更糟糕的是，工程师们注意到在洼地的出水口出现了一个小型瀑布，并且正在快速扩大。在水流的不断冲刷下，瀑布下的土壤逐渐坍塌，不到几个星期的时间内，瀑布的落差高度就达到了 100 英尺。水流飞泻而下，每天都会在沙漠里随意切割出一条 1 英里长的水路。

他们可能觉得这不过是屁大一点的小事，也可能是相信“车到山前必有路”，总会有办法切断第二条运河的水流。但实际上，宝贵的时间正一分一秒地流逝。地质学家实地考察过后发现，瀑布的高度很快就会达到 1 英里，并且科罗拉多河的流向也会被永久改变，造成灾难性的后果。

政府部门立刻介入，花了两年时间，斥资 300 万美元，总算替绝望的洛克伍德收拾完了烂摊子。

现在咱们可以预料到，在这么一番混乱过后，再有什么和科罗拉多河相关的项目，美国政府估计都会保持警惕，不敢轻易批准了。可是仅仅在二十二年后，也就是 1929 年，时任美国总统胡佛批准在科罗拉多河修建水坝，也就是今天的那座以他为名的胡佛大坝。

项目的签订时间可谓是相当完美、正合时宜。因为短短半年后，美国就遭遇了股市崩盘，经济大萧条席卷全国。由于当时全国失业率飙升至 25%，项目根本不缺愿意为之卖命的工人，哪怕它是 20 世纪最残暴的一项工程。

大坝选址在一片荒芜的博尔德峡谷中，前不着村后不着店。有多偏僻呢？哪怕是拉斯维加斯，这个由工人们在横跨北美大陆的铁路线旁修建的、只有一座廉价妓院和几间酒吧的穷乡僻壤，离修筑大坝的工地也有 20 英里远。

随着工程开始推进，工人们拖家带口地涌入工地并在河岸上安营扎寨，一个由帐篷组成的村落就这样出现了。人们将其称为“破布小镇”。然而，那里的环境却相当恶劣：没有公共秩序，没有卫生设施，没有自来水，也没有用来抵挡炎炎烈日的纳凉场所和器具。尽管如此，和大坝修筑工地的环境相比，营地的生活条件已经堪比五星级豪华酒店了。

要想修建大坝，首先必须让科罗拉多河暂时改道，因此人们需要在 700 英尺高的峡谷峭壁上炸出四条直径 56 英尺，长四分之三英里的巨型隧道。隧道里空气污浊，混合着爆炸产生的尘土和运走废物的卡车所冒出的烟气。

在恶劣的环境下，人们渐渐开始吃不消，有人累倒了甚至丧命了。于是许多工人试着对负责大坝修建项目的公司施压，要求提供电动工具以减轻劳动强度。但公司方面却相当清楚，这些工人是没有资格来谈条件的——谁敢发牢骚，谁就马上卷铺盖滚蛋，反正外面根本没有别的工作。

只有大家得知自己原本的五美元日薪将被克扣的那次，工人们才组织了一场罢工以示抗议。但风波短短几天后就平息了。

在修建隧道的同时，其他工人被送到了峡谷边缘，去修整悬崖峭壁，为大坝的建造做准备。这些工人被称为“登高者”，他们身系绳索悬在峭壁上进行每一天的工作，遇到顽固岩石就用炸药轰开，遇到普通石头就用凿子挖掉。

有的人会被落石砸中头部或者不小心从悬崖摔落而殒命。尽管这是一份命悬一线的工作，却没有人停下来。大家依旧是白天去工地，晚上回“破布小镇”休息。他们别无选择。

对公司而言，时间是重中之重。他们必须在 1932 年冬天之前完成隧道建设以及河水引流。要是拖到枯水期还没完工，那么工期就得再延滞一年。他们还得在 1933 年 10 月前完成旁路引流系统的建设，每延后一天，就要交一笔 3 000 美元的罚金。

因此，所有人都在火急火燎地追赶进度。工地老板弗兰克·克罗对待自己的手下异常严苛，哪怕有人死在了半路上，他也不予理会。只有工头会不痛不痒地丢下一句“他现在不会再拖后腿了”。而一眼望不到头的施工器械和工人们缓缓前行的队伍就在一旁麻木地经过。由于空间有限，卡车在山顶掉头会浪费大量的时间，所以卡车从隧道里运出碎石后，只能沿着狭窄的山路倒车下山。司机们借此练就出了独家特技——他们在倒车时会把车门打开，以便在车辆翻下悬崖时跳车保命。施工环境之险恶，比地狱都有过之而无不及。

1931 年夏天，气温达到了有史以来的最高纪录。即使是在营地里也有妇女和小孩死于中暑。工地上的气温高达 130 华氏度（约 54 摄氏度），所以工人们的体温达到 110 华氏度（约 43 摄氏度）也并不稀奇。

在过去的几个月里，科罗拉多河一直都环绕着工地蜿蜒而行。但突然有一天，它似乎感觉到了人类在这里兴风作浪，便打算让他们知道这里谁才是老大。它猛吸一口气，洪水以排山倒海之势席卷而来。

洪水退去后，整个工地都裹上了一层厚厚的泥沙和污物。为了赶上工期，克罗勒令工人们更卖力、更迅速地干活。而他最后的确做到了，一座 750 英尺宽的临时水坝如期完成，顺利将河水引入了修好的隧道。几百万年以来，博尔德峡谷的河床首次展露出了样貌。人们可以开始修建主大坝了。

现在你可能觉得，修水坝是件很简单的事，拿一大堆混凝土砌起来就完事了。但不好意思，水泥在浇筑过程中会发生放热反应[1]。所以，据工程师估算，要是你一股脑把所有水泥全都灌进去，那么水坝得花上 120 年的时间才能冷却下来。

因此，人们以长宽 60 英尺、高 5 英尺为基础单位，浇筑出了一个个水泥砖块，并把它们交错垒砌。到了 1935 年 2 月 1 日，一座 726 英尺高、底座厚达 660 英尺、长度横跨 1 200 余英尺的大坝就竣工了，轻而易举地成为了世界上最大的水坝。它建在世界上最不宜人居住、最荒凉的地带之一，耗时不到五年，造价也不到 5 000 万美元。今天，它每三个月的发电效益就能创造几乎同等的现金。

随后，人们将临时修建的水坝拆除，科罗拉多河也试着恢复原来的流向。然而，新建的大坝挡住了河流的去路，它只能不断地退啊，退啊，退啊。于是水位越来越高，直到吞没了"破布小镇"，也就是那座帐篷村。现在，那里已经变成了一座人工水库，从俯瞰视角看来就像牛皮纸上的一块蓝色墨斑，落在了在内华达州和亚利桑那州的交界处[2]。它名叫米德湖，其蓄水量足以将整个宾夕法尼亚州变成一个 1 英尺深的大池塘。这座湖里有 9.2 亿加仑的水，等待被吸入大坝的进水渠，带动涡轮运转，最后产出我们实际可用的电。

---

1 水泥在固化过程中会放出大量热量，通常需要数天时间散热，否则会导致水泥开裂，严重影响建筑稳定性和安全性。

2 很可惜，自 2021 年以来，米德湖的水位持续骤降，并于 2022 年 6 月 23 日跌至自蓄水以来的最低水位。卫星照片显示，曾经的"蓝色墨斑"面积已大幅缩小。

其中一座进水塔还带走过一条生命，那是胡佛大坝竣工前最后一位遇难的人员。1935 年 12 月 20 日，帕特里克·蒂尔尼在工作中不慎落入进水塔中，他的生命永远定格在了 25 岁……而他殉职的这一天，恰好是他父亲在 14 年前离世的日子[1]。

如今，科罗拉多河沿途还修建了其他的水坝和水库，而这些巨型内陆海的蒸发量相当惊人，以至于科罗拉多河抵达墨西哥海岸（加利福尼亚湾）的时候，已然变成了一股咸咸的细流。感谢贪得无厌、欲壑难填的美国佬，科罗拉多河现在不仅被榨干，也被扼杀了。

美国乃至世界上的其他地区同样有宏伟的水坝工程，甚至有的让胡佛大坝也黯然失色。只不过对我而言，胡佛大坝依然是最独特的，一部分原因是曾有 107 名工人为它献出了自己的生命，另一部分原因在于它坐落的独特位置。

在满是荒芜和崎岖的背景中，一道笔直的人造高墙看起来略显突兀，它就像人类拓在月球上的脚印抑或“泰坦尼克”号那躺在海底的锈迹斑斑的残骸一样，和周围的环境格格不入。尽管胡佛大坝不应属于此，但不知为何，它还是成功地融入了这里。

我之所以钟情于胡佛大坝，也是因为它孕育了许多事

---

1 1922 年 12 月 20 日，帕特里克的父亲，约翰·乔治·蒂尔尼在随队考察胡佛大坝的选址时不幸遭遇洪水牺牲，他是为这项工程献身的首批烈士之一。

物。道理很简单，要是没有胡佛大坝，拉斯维加斯和凤凰城就不会存在；要是没有可控的水源和电力供应，这些城市也就不会像今天这般将繁华肆意地蔓延开来了。

还有胡佛大坝产出的清洁水电。这座巨大的白墙每年可以输出 2 000 兆瓦的电。在火电厂，产出同样的电力，就得消耗 1 万桶石油。当然了，胡佛大坝还能顺带满足 1 800 万人口的用水需求，石油可做不到这点。

不过，胡佛大坝最吸引人的一点在于它的外观。它的进水塔洋溢着装饰性艺术的气息；而那斜坡更是陡峭得令人难以置信，并且当你站在水坝顶部向下俯视的时候，斜坡似乎让大坝显得愈发高耸险峻。胡佛大坝和它所处的峡谷一样，从头到尾都美如画卷。相信我，这足以说明它的雄伟壮丽。

现在，它被恐怖分子视为主要袭击目标之一。因此任何商业交通运输工具以及满载行李的巴士都禁止在上面通行。政府担心要是大坝被毁，住在美国西部大部分地区的人们就没有好日子过了。

我当然知道那会很不幸。但要和失去一座如此巍然的大坝的悲伤相比，我想还是后者会更令我无法忍受。

航空母舰

从首要意义来讲，它是一艘船。但同时，它也是一个核电站、一座机场、一种战争机器。更重要的是，它还是一座城市，有着商店、影院、发廊、银行、医院、自有的电视台和报社，以及5 000位居民。

说来奇怪，人们会把核反应堆放在“城市”中央吗？当这座“城市”在惊涛骇浪中颠簸摇晃的时候，大家又会允许战斗机在它的“屋顶”上着陆吗？而在一艘航空母舰上，这些情况都是会发生的。可能载有核武器的F14和F18战斗机，在恶劣的天气里也会照常降落在这座移动核电站上。听起来很危险？那是肯定的。否则在美国海军邀请我去“艾森豪威尔”号航母[1]上待几天的时候，我也不会激动得像一只被烫伤的兔子一样上蹿下跳了。

当然，我也幻想着能乘坐一架F14“雄猫”战斗机[2]在

1 美国海军尼米兹级航空母舰的二号舰，为美国建造的第三艘核动力航母。它以美国第34届总统艾森豪威尔命名，1977年10月正式下水服役，航号CVN－69。

2 美国在冷战时期为对付苏联远程轰炸机而设计的一型超音速多（转下页）

甲板上着陆，但没能如愿。他们只是把我塞进了一架螺旋桨驱动的运输机。他们管它叫“鳕鱼”号，但在我看来更像是一台烤面包机。我乘着它飞到了大西洋中部，与那艘伟大的尼米兹级航母[1]相会。

从空中俯瞰，这艘航母却没有一丝“重器”的感觉。在延绵不绝的阴霾天幕下，它就像漂在无垠汪洋中的一叶扁舟。我一生都在飞机跑道上驾驶快车狂飙，对各种跑道再熟悉不过，也了解跑道应该是怎样的长度。可是我发现“艾森豪威尔”号的跑道完全不够长，但差得也不太多。

这是我能想到的最糟糕的情况：飞机会试着在甲板上着陆，可是却刹不住，接着就会从跑道末端栽进大海，然后被身后的巨舰撞翻，在海浪里不停翻滚，直到飞机和它装着的所有人被母舰的三个核动力驱动、直径 6.5 米的五叶螺旋桨中的一个撕得粉碎。

我在这之前离鬼门关最近的一次，是我在古巴上空遭遇一场雷暴那回。我当时乘坐的是 20 世纪 50 年代制造的苏联飞机。那架飞机在抵达古巴前还属于安哥拉空军[2]。即使是

（接上页）用途舰载战斗机，主要部署在航空母舰上。它也是美军战斗机中火力最强的机种之一。

1 指美国海军一级航空母舰。该级别因美国首艘第二代核动力航空母舰“尼米兹”号得名。美国现有 10 艘尼米兹级航母。

2 暗示苏联、古巴对安哥拉内战的参与。1975 年，苏联及古巴支持的“安哥拉人民解放运动”和由美国与南非白人政权支持的“争取安哥拉彻底独立全国联盟”爆发内战。内战持续到 2002 年。这场战争是冷战时期美苏两大阵营的角力点。

在天气良好的情况下，它都够呛能飞。而要是遇到了热带风暴，毫不夸张地讲，它就真的会上下翻滚变成了一个搅拌机。还记得我曾这样安慰自己："算了，至少孩子们会说，爸爸是在加勒比海上空的一架苏联战斗机里牺牲的。"而且这种死因要是放在讣告上，看起来也不错。

正是因为我马上要在"艾森豪威尔"号上着陆了，这些糟糕的回忆才浮出脑海。"是啊，爸爸被一艘航母压成了照片。"我耳边仿佛鸣起了丧钟。

随着我们逐渐下降，透过舷窗，我能看到"艾森豪威尔"号在以肉眼可见的速度变大，但感觉离甲板仍有一段距离。可还没等我反应过来，轮胎便已触碰甲板，钩住阻拦索，飞机的速度霎时就从每小时 193 千米降至零。

有趣的是，我的五脏六腑也没反应过来，它们同样以 193 千米的时速撞上了我的胸腔内壁，然后又弹回了原位。但值得高兴的是，我已经顾及不到体内的翻江倒海，因为我那会儿正忙着在前排摸我那两只飞出去的眼珠子呢。

过了一会儿，有人解开我的安全带，把全身瘫软的我带到了甲板上。一旁的喷气式战斗机相当热情，用发动机的咆哮声夹道欢迎，差点没把我轰到海里面去。飞行甲板的工作人员告诉我，他们从事的是世界上最危险的工作。是不是最危险的我不知道，但我能向你保证，这肯定是最嘈杂的。

这里也是组织最涣散的地方之一。在普遍的想象中，这样一艘现代化的航母上所有的飞行运作都是由电脑精准控制的，但实际上，所谓的空中交通管制不过是在沙盘上用木块表示飞机，再由一个连高中学历都没有的人推来推去罢了。而在我上舰两天参观的所有东西里，这还是最具科技含量的。

接着他们把我带到了自己的船舱。踏进去的一瞬间，我仿佛回到了16世纪：一张比我身高还短一截的床，整个房间都是钢板做的——墙面、天花板和地面，无一例外。没有窗户，但整艘航母的所有房间都没有窗户。你只要登上航母，就会好几个月都分不清昼夜。

老实说，这艘航母上的飞行安排真是让人捉摸不透。我在舰上第一晚就是个不眠之夜，一方面是因为我睡的床也是铁的，硌得慌；另一方面是因为，我的房间好像就在蒸汽弹射器的正下方。那玩意儿差不多每20分钟就要发出一次巨响。

而且，蒸汽弹射器每发射一次，就会有一个美国大兵操着一股浑厚有力的军士长腔调，通过广播宣布一些“重要”的事，比如说：“B区甲板上的甜甜圈自动售货机已经可以完全投入使用啦。让我们对美国海军‘艾森豪威尔’号航空母舰上英勇的男女官兵致以谢意，感谢他们孜孜不倦地修理这台无价之宝。”

实际上我的房间离蒸汽弹射器可远着呢。我本想第二天早上想去它所在的位置一探究竟，结果发现差不多要走半个小时才能到。随后我又去了阻拦索控制室，那就是另一个90分钟的路程。

真神奇。我之前都还以为这些阻拦索只是一根根橡皮筋，但实际上它们是由钢缆制成的，并连接着液压千斤顶。在允许飞机着陆前，飞行甲板上的工作人员必须跟阻拦索控制室的人通个话，告知他们即将降落的飞机是何种型号。

举个例子，又大又沉的F14战斗机就和我乘坐过的“鳕鱼”号所需要的配置不一样。所以甲板和控制室间的沟通当然是合情合理的，但有两件事又很不合理：第一，阻拦索控制室是世界上噪声最大的地方，哪怕有百万瓦功率的广播在你耳边播放，你也听不到，电话听筒里的声音就更不用说了；第二，控制阻拦索的那个家伙是我这辈子见过的最蠢的人。

我要是早知道在那架“鳕鱼”号准备着陆时，我的小命竟掌握在一个既听不清也听不懂话的家伙手里，我早就从飞机上跳下去了——兴许活命的机会还大些。

我问了他几个问题，然后有几个灯泡突然就炸了。随后我摸黑步行了两个小时，想去找舰队司令。我曾一度觉得自己认出了一条走廊，它看起来似乎不像之前那么黑了。但实际上，那是我的感知力和求生欲在逐渐衰退。

而在舰桥上的生活就好多了。透过那里的窗户可以看到周围的小舰队群，那是航母出海所需要的保障——为舰上的那些笨重飞机准备的油轮（“艾森豪威尔”号可用不着，它的反应堆里燃料充足，能够开到天涯海角）、食品补给舰（恰如美国人的体型，它也是一艘庞然大物）。“艾森豪威尔”号上的全体舰员加起来每天总共要吃掉1.8万份餐。这就意味着，他们每周就要消耗 5 000 加仑的牛奶，而一趟常规巡航任务下来，他们要吃掉 16 万只鸡蛋。

这还没算上那些护卫舰上的船员们所需要的食物量。它们全程追随并保护着航母（以及食品补给舰）免受水上侵袭；水下还有潜艇编队防范着海面之下的威胁。我所在的航母周围共有 14 艘护卫舰在保驾护航。

别看各艘军舰之间都保持着相对静止，可要是这会儿进入战斗状态的发令枪一响，“艾森豪威尔”号就会全速前进，将它的“保镖”们远远甩在身后。一艘优秀的现代战舰能以 28 或 29 节的速度航行，但尼米兹级航母能够飙到 33 节。照海军司令的说法，这可以说是海上的“赛车”了。

但最令人吃惊的是，这些非凡的“海上赛车”还拥有如此庞大的体型。诚然，海上也有比航母更长的油轮拖着沉重的躯体在缓缓行驶。但仅就体积而言，尼米兹级航母是独一无二的。这种航母的重量几乎都是 10 万吨，配备的涡轮机能够输出 28 万匹的马力，它们搭载的核动力装置更是能够满足长达 15 年的连续作战需求。换作普通航母，要想进行这么长时间的作战，得要消耗 110 亿桶燃油。

现在我要介绍一些严肃的数据，会让你汗毛倒竖的那种——“艾森豪威尔”号的高度等同于一座 24 层楼的建筑；它最多能够搭载 90 架飞机，并且每年的运营开销就需要 3 亿英镑（约 25.6 亿人民币）。要提醒你的是，这跟它 30 亿英镑（约 256.9 亿人民币）的造价相比只是毛毛雨。而且可别忘了，美国一共拥有 12 艘这样的巨兽[1]。

美国拥有众多航母背后的原因其实很简单。当美国的航母出现在敌军海岸附近，那群外国佬看见此般庞然大物肯定会吓得直接缴械投降，然后马上对美国开放自由贸易。如果那是最新研发的尼米兹级航母又会怎样呢？我不知道，毕竟那艘航母可是顶着里根[2]的大名啊。

无论如何，“艾森豪威尔”号着实是一种可怕的存在。在外，是因为它拥有海量的核武器，完全可以给你的家乡带去“核平”；在内，是因为我连去个厕所都能迷路。我在船上找人问过无数次路，但事实表明，美军之所以把那个阻拦索控制室的家伙安排在这种重要岗位上，一定是因为他比其他人都聪明。因为其他船员几乎都未曾听说过舰桥或者海军司令这回事儿，也就不知道它或者他在哪里。

过了一会儿，一级战备警报突然响起。船员顿时紧张起来，就像自习课时老师突然走进了教室一样。每个有正经职位的人都得停下手头的事情，火速前往战斗岗待命。同时所有处于辅助岗位的人员必须封闭舱门，原地等待指示。我当时依然是在一间四面八方都是钢板的房间里。它可能就是我

---

1 指在作者写作时，美国共有 12 艘在役超级航母，包括 9 艘尼米兹级航母、3 艘主力舰航母。

2 指“里根”号航空母舰，2001 年 3 月下水，2003 年 7 月服役，为尼米兹级航母 9 号舰，舷号 CVN－76。作者在此处暗示上世纪 80 年代美国第 40 任总统里根执政时期的美日贸易摩擦以及里根政府对国际自由贸易的强硬策略。

的卧室，但又好像不是——因为我竟然在里面睡着了。

两个小时后，备战状态总算解除了，船上的寻人小组也找到了我。自那时起，他们就专门给我安排了一位看护人。他的名字我记不太清了，只记得他长得很像卡通人物巴尼·拉伯[1]，而且他还的确是船上最憨笨的人。

“各单位注意！”对讲机里传来刺耳的声音，我立刻用手指堵住耳朵，想着对方是不是要告诉我们另一台甜甜圈售货机也修好了。但不是。他说一架 F14 战斗机正要进入它的最后进近阶段[2]……它的其中一台发动机着火了。

“快。”我对身旁的巴尼说，“我们必须赶紧前往‘鹫巢’[3]，这样摄制组就能拍到驾驶员操纵受损飞机着陆的精彩场面了。”

巴尼并未反对，但他似乎在为我没结房费的事情而困扰。没错，到这艘航母上参观的旅客每晚得交 8 美元的住宿费。“赶紧拿走。”我边说边把一张 10 美元的钞票塞到他又小又肥的手中。但转眼我就后悔了，因为他想找我零钱，却发现他身上没带。“算了！”我大叫道，“我给你 50 块，把我团队所有房费都包了！”然后我转过身，准备拔腿就跑。

---

1 美国 20 世纪 60 年代风靡一时的动画片《摩登原始人》里的人物，憨厚而善良，有着显眼的大鼻头。

2 指飞机进近的第四个阶段。在最后进近阶段，飞机要建立完整着陆形态再着陆。

3 航母官兵对舰岛上瞭望台的戏称，没有飞行任务的人员可以在此处观看舰载机的起降和出入库。

巴尼却还不确定这笔钱够不够，于是拿出铅笔做起了数学题。“我想想啊。”他喃喃自语道，“一间房 8 美元，他们一共 6 个人，那就是 6 乘以 8，等于……呃，多少来着?”不一会儿，他的手指头就不够数了，于是集合了好几个东西来替代。整整十分钟后，他总算得出了答案：48。

“好吧，”他笑嘻嘻地对我说，“那房费的事就算解决了。但我还欠你 2 美元，而且我依然没有零钱找给你呀。”他死活都不愿意收下那两块。结果就是，我们错过了一架 F14 战斗机仅靠一只发动机踉跄着回到航母并完成着陆的壮观画面。我真是谢谢了，巴尼。然后他还高兴地说：“客气啥。”

再后来，我们该打道回府了。我们又登上了之前坐过的那架“烤面包机”，我惊奇地发现，飞机竟然直接开到了甲板前端，根本没有为起飞留下助跑的空间。连接着飞机的，只有下方的蒸汽弹射器。而那将把我们从甲板跑道末端甩进海里，我们会被螺旋桨削成碎渣。

但喜欢龇着牙咯咯笑的巴尼曾告诉我们不要担心。他说蒸汽弹射器能把一辆大众甲壳虫汽车射到 17 千米开外的地方，因此弹射我们乘坐的“鳕鱼”号也不在话下；更何况每次弹射起飞时，航母都在逆风方向；事实上，发射过程的每一个细节我们都有过讨论……但只有一项，巴尼没有讲过。

接着，这艘 10 万吨重的航母就朝着逆风方向调整好位置。我们的飞行员也让“鳕鱼”号的小发动机马力全开。甲板工作人员开始比划起《壮志凌云》里面的各种愚蠢手势。总之，我们通过这种难以解释的野蛮方式，弹射起飞了。

突然，某处发出一阵响亮的碎裂声——我意识到大事不妙，肯定是什么东西坏了。果不其然，飞机离开跑道尽头后开始向下倾斜。我做好了抵御冲击的准备，但实际上只是虚惊一场。

原来，被用来连接蒸汽弹射器和飞机前轮的那块钢锭在发射时就该裂开，那阵巨响就是这么来的，这样飞机才能与弹射器分离并从甲板起飞。这听起来很糟糕，但巴尼竟然忘记告诉我们了。愿上帝保佑他。

毋庸置疑，在航母上度过的两天，是我今生经历过的最嘈杂、最难受以及最压抑的一段时光。我遇到过的船员的平均智商令我惊异，他们的生活环境也着实震撼了我。船上不允许饮酒和发生性行为。抽烟倒是可以，但吸烟区简直就是野蛮人的洞穴。

尽管如此，这艘航母本身完全是一件工程学杰作。诚然，它生来的使命就是残酷无情地进攻和开火，但不容置疑的是，它的核能心脏之下，有着独特的灵魂。

阿尔法·罗密欧 166

讲道理，不管你怎么看，阿尔法·罗密欧 166 都算不上一款特别优秀的汽车。要是将它和一辆宝马 5 系相比，其在速度、空间、油耗和配置等方面都显得不怎么样，甚至操控性都那么平庸无奇。

它是一款前驱车。虽然这种相对节省空间的驱动方式对小型掀背车来说很普遍也很有用，但对于 166 这种大型轿车而言，此般组合只会令人摇头。问题就出在前轮上面——它们光是处理转向操作就已经够呛了，要是还想把一台 3.2 升 V6 发动机输出的动力也交给它们，那简直就该是一场灾难了。

当你驾驶后驱车时，如果在转向时猛踩油门，那么后轮的牵引力就会减少，车子便会开始甩尾。好在驾校教练告诉过你，遇到这种情况只需朝着侧滑的一边猛打方向，随后便能化险为夷。

倘若你学艺不精，在甩尾时打错了方向，那么车尾会一直摆动，直到向后一屁股撞上一棵大树。其实这倒不算什么坏消息，至少你会在毫不知情的状况下一瞬间就一命呜呼。

然而，当前驱车发生打滑时，失去牵引力的就会是前轮。这意味着无论你再怎么打方向盘也无济于事了——你依然会无可避免地撞上一棵树。而更糟糕的是，这时的你束手无策，只能眼睁睁地看着这棵树迎面冲来……

然而，早在你开车入弯之前，前驱车的其他毛病就已经显露无遗。没错，我说的就是扭力转向[1]的问题：一脚地板油下去，方向盘就会开始左右乱摆。这是因为前轮本来就没有固定到位，而在发动机将野蛮的动力强加给车轮时，方向盘就会变得不受控制。

阿尔法·罗密欧 166 采用前轮驱动，纯粹是为了省钱。它的驾驶室也给人一种“家徒四壁”的感觉。现在的宝马汽车里，后视镜上面都装有一个小灯，它能够让所有控制按钮都沐浴在一滩柔和的红光之下；车内不仅配有杯托，你还可以直接在方向盘上调节车载音响的音量。而在一辆 166 里面，你根本就看不到这些奢昂设计的影子。

结果就是，要是有人准备拿 3 万英镑去买辆大型行政级轿车，那么宝马肯定是一个更加吸引人的选择。这就导致阿尔法·罗密欧在英国的销量很不景气，用经济学家的话说就是“惨不忍睹”。

更糟糕的是，没人愿意接手一辆二手的阿尔法·罗密欧

---

1 指发动机产生的扭矩对车辆转向能力造成的负面影响。当车辆急加速或全油门加速时，会有不同的扭矩传递到左右传动轴，使车辆偏离原来的方向。

166。也就是说，要是有个可怜虫花3万英镑买了一台新车，那么他在不到一年的时间里就会损失1.7万英镑。所以，他实际上就是把钱浪费在了一台在速度、配置和驾驶体验等诸多方面都不如宝马的车上。

更过分的是，这款车贬值得太快。在他给166加上油或者买保险之前，这台车每天都会掉价50英镑。不得不说，谁打算掏钱买它，谁就是个彻底的疯子。可是啊，如果要我在市场上挑一款商务车的话，我一定会毫不犹豫地选择阿尔法·罗密欧166。

别担心，我的脑袋没有被门夹过。我想要一台阿尔法·罗密欧166，无关老阿尔法曾经创下的赛道辉煌[1]——那已经是过去式了。只为了一家公司在五十年前的成就就决定买它的车，就跟你觉得罗马人做事有组织、有纪律就决定雇来一群意大利工人帮你修房子一样愚蠢。一辆车的好坏取决于打造它的人，但上世纪50年代将阿尔法推向F1大奖赛神坛的那一批精英，如今要么已经撒手人寰，要么罹患老年痴呆，正在椅子上流口水呢。

如今，阿尔法·罗密欧品牌由菲亚特负责运营，而这家公司的经理人们大多数时候都在盯着账目表唉声叹气。

但好在他们基本上都是意大利人——热情洋溢且拥有明确的时尚感，这一点在阿尔法·罗密欧166身上就体现得淋

---

1 1950年，阿尔法·罗密欧车队在F1大奖赛正式举办的第一年，就捧回了冠军奖杯。在F1赛事早期，阿尔法·罗密欧是响当当的赛道霸主。

漓尽致。它作为一款车，也许并不那么优秀；但作为一个“居所”，没有其他车型可以与之媲美。精致的手工装潢与考究的色调搭配珠联璧合——看那黑色的地毯和棕色的座椅，为什么其他品牌就想不出如此绝妙的搭配呢？

再来说说它的外观造型吧。有人说它的车头灯看起来有点儿像猪眼睛，而且那个倒三角的进气格栅活像个大鼻子。但这种说法就像是因为辛迪·克劳馥[1]脸上有一颗痣就把她从床上踹下去一样，显得过于吹毛求疵了。

抛开这些细枝末节不谈，让我们把注意力放在整车的构造和姿态上面。你要注意它那略微前倾的动态感，俨然一副蓄势待发，准备随时冲出去的模样；从车尾到车头的线条流畅，典雅曼妙。这车真是漂亮得出奇。你若是选择了海军蓝的车漆款式，它则在端庄之上愈显倜傥。我看见的，是高尔夫俱乐部的泊位里停着清一色的宝马和捷豹；名流宴会外面停着一排排奔驰，等着把那群喝得烂醉如泥的电视剧[2]明星们接回家。那么阿尔法·罗密欧会出现在哪里呢？

我想象中的它，会静静地停在奥地利的一座古堡外。城堡里，来自各国的宾客们正在享用一场酒会。就像一个穿着黑色小礼服裙的女郎，正坐在人行道上的咖啡馆，品着一杯浓缩咖啡——它就是那么充满欧陆风情而又那么完美。谁拥

1 辛迪·克劳馥：美国超级名模，曾被评为“世界上第二大美女”“20 世纪百名性感女星”第五名。

2 原文为 *Brookside*，指《布鲁克塞德》，1982 年英国第四频道推出的优秀电视连续剧，共 400 余集，广受好评。

有了阿尔法·罗密欧 166，谁就拥有了格调和优雅。

然后就是驾驶体验。是的，当你刻意去追求这种体验的时候，它总是会想尽办法和你对着干；而当你不再刻意为之的时候（实话实说吧，99％的情况下你都不会的），它那劈啪作响的排气管和低吼轰鸣的发动机，总能让你切身地感知到自己正坐在一辆车里。你甚至还能通过屁股下的座椅来感知路况：当轮胎碾过地上的白线时，你可以凭感觉判断出它涂的是光面漆还是乳胶漆。

然而，如今大多数的行政级轿车都在竭力替你消除上述的一切。当你坐进车里，只需按下几个按钮，就能不费吹灰之力地抵达目的地。而阿尔法·罗密欧 166 却不会这样，它总会提醒你："你这会儿坐着的，是一辆真正的汽车。"你会觉得自己就是这部马路机器的一部分。而且我可以肯定，如果你只是以乘客的身份坐着它，这种"人车合一"之感的确会是一种烦扰。

然而，倘若是你亲自驾驶着阿尔法·罗密欧 166，那么这种感觉一定是你梦寐以求的。这就是它的灵魂之所现。

SR-71“黑鸟”侦察机

20世纪60年代中期，一位英国皇家飞行员正驾驶着“闪电”战斗机[1]在英国东海岸悠闲地巡逻。突然，他发现了一个奇怪的目标。“那玩意儿简直跟50年代我儿时买的一组Airfix牌[2]科幻飞机模型一模一样。”许多年后，这位飞行员对我如是说道。

为了看得更清楚一点，他操纵战斗机略微加速，很快就追上了那架神秘的飞机。看清目标机身上印着的美国空军徽标后，他便打算飞到对方驾驶舱一侧，准备跟这位友军打个招呼。还没等他飞过去，对方就注意到了他这个不速之客。随着一声低沉的巨响，美国人紧接着就驾着那架惊人的机器从他视野中消失了。他说：“我都不敢相信自己的眼睛，那东西实在是太快了。”

回到基地后，他将自己的所见分享给了大家。“这样

1 英国于20世纪60年代投入使用的截击机，性能强劲，服役了20余年之久。

2 英国著名品牌，生产的模型囊括汽车、船只和飞机等多种品类，也和一众热门IP有过联动。

啊，”他的同事们将信将疑，“所以说，你看见了一架黑色的巨型飞机，它的发动机喷着环形蓝焰，然后眨眼间就像窜天猴一样飞走了，连追都追不上?”这听起来确实很荒唐，毕竟当时所有人都知道，绝对没有哪架飞机的速度能快过英国的“闪电”战斗机。

但大家都错了。当时那位皇家空军飞行员亲眼看到的是一架 SR－71 侦察机，代号“黑鸟”。它不仅仅是当时世界上速度最快的飞机，即使是在今天，也没有哪架飞机能和它分庭抗礼。

当时，这架飞机属于最高机密的范畴，只有在夜幕的掩护下才会进行起飞和降落。你可能会问，为什么英国友军都快飞到面前了，美国人才注意到？原因很简单，因为当时美国空军要求它在飞行时必须保持所有电子设备关闭。它就像天空中的一抹阴影，一条身后几乎留不下任何电子痕迹的飞机拉线。它反射的雷达信号和果蝇一样微小，让敌人难觅其踪[1]。

作为一架间谍侦察机，它没有挂载导弹，也没有装备机炮。它只需要以极快的速度爬升至 9 万英尺，也就是离地 17 英里的高空。在那里，地球上的人们既看不见它的身影，也听不到它的声音。这样的飞行高度比一般的商业喷气机高出 6 万英尺，甚至比协和超音速客机还高 3 万英尺。我想，要

---

1 SR－71 首先采用了雷达吸波材料，并运用内倾的双垂尾以避免强化雷达波反射的直角内角，因此拥有极小的雷达反射截面。

是它飞得再高一点的话，它那强大的冲压发动机[1]就该只能吸到宇宙的真空了吧。

一旦抵达了预定高度，在那片唯它独霸的天空中，它甚至还可以继续加速。它的极速能超过每小时2 000英里，差不多是3倍音速。凭着这样的飞行高度和飞行速度，它获得了惊人的地毯式扫描能力，它能够仅用一个钟头就调查完10万平方英里的地面区域。

想要把它打下来？省省吧，因为那几乎完全不可能。一位“黑鸟”侦察机的驾驶员曾和我聊过，就算碰巧奇迹发生，自己在敌方领空被发现了，也完全没有什么好害怕的。“过不了多久，米格战斗机会过来截击我们，但等他们爬上6万英尺高空的时候，我们早就跑得没影了，而那些米格战斗机则会从天上掉下来[2]。”

退一万步讲，就算有米格战斗机飞到“黑鸟”前面并发射一枚导弹，也几乎没有命中的可能性。“想想看，”那位驾驶员对我说道，“导弹的飞行速度为2马赫，我们的速度为3马赫，那么就会产生一个接近5倍音速的相对速度。当时，没有哪个导弹上的计算机系统能处理这么快的速度。相信我，在无垠天幕之中，我们就是无敌的存在。”

---

1 冲压发动机利用高速气流在速度改变下产生的压力变化，进而完成气体的压缩以维持发动机运作，适用于高空高速飞行，但无法在真空环境下工作。

2 飞机超过设计的飞行高度后，飞机的发动机可能会因空气稀薄而熄火，导致飞机失速甚至坠毁。

曾经，“黑鸟”在1小时55分钟内就从纽约飞到了伦敦（直线距离约5 600千米），其间还完成了一次空中加油。它之所以能飞得又高又快，关键就在于强大的动力。

那些用来表示发动机动力的数字，已经庞大到失去参考意义。不过，有一组数字倒是值得我们思考：当“黑鸟”功率全开的时候，发动机自身只会提供20%的推力，所以剩下的80%是凭空产生的吗？这到底是怎么做到的？

其实，它的发动机进气口前端各有一个突出来的“大尖尖”，能够将大部分气流引入涡轮旁路管道。在这些远离涡扇的管道中，空气会被急剧压缩，并在抵达排气口时被点燃。压入的空气越多，得到的动力就越强。

换句话说，当“黑鸟”到达一定速度后，其发动机内部的结构就不会再发生改变[1]。这时候只需要不断地点燃空气，然后看着测速表的指针不断爬升就行了。实际情况跟字面意思一样——飞机飞得越快，指针就转得越快。

这听起来似乎没什么大不了，但却能带来无比壮丽的奇观。全功率前进时，“黑鸟”后方的尾流会像两条巨大的蓝色翎羽一样延伸着，而每一条“翎羽”都由一串完美且均匀的蓝色能量圈组成——这就是马赫环[2]。看着它，你会不禁

---

1 “黑鸟”的J－58发动机可以根据不同的飞行状态调整内部结构，通过改变发动机一些部件的几何形状、尺寸或位置来改变其热力循环效果，进而保证飞机在各种飞行工况下都具有良好的性能。

2 火箭发动机、超音速燃烧冲压发动机等在大气层中工作时，从尾部喷出的钻石型激波，明亮耀眼。

暗自思忖：“苍天有眼，人类是怎么创造出此般奇观的?”接着你就会开始琢磨：“创造出如此磅礴的力量自然是好事，但是，老天爷啊，我们又该怎样驾驭它呢?”

答案很简单，那就是我们根本就驾驭不了这种力量。“黑鸟”的某个发动机偶尔会出现一种异常，飞行员将其称为“进气未启动”。若在飞行时发生这种情况，发动机会突然像打嗝一样向前喷射气体。这就糟了，因为霎时间，机体就会同时承受后方的全额推力和前方的全额阻力，后果相当致命。这两股力都来自发动机，因此飞机会发生剧烈旋转，悄无声息而又惨烈地带走机上两名乘员的性命。之所以说是“悄无声息”，是因为这场坠机事故根本就不会得到任何报道，毕竟一架“没有正式存在过”的飞机，又怎么会坠毁呢？而“惨烈”是因为遇难者会死得相当难看——人们完全没法从坠毁的“黑鸟”中找出两位烈士的遗体并将其厚葬，而是只能用水管将他们的遗骸碎片冲到最近的下水道里去。

飞机会在“进气未启动”发生前发出报警提示。虽然声音很小，但只要你足够专注的话就一定能够听见。但这样一来，驾驶“黑鸟”就不是一件轻松的事了。你必须始终保持专注，耳听八方，时刻留意发动机出现异常前的任何一处蛛丝马迹，随后还要设法应对……

1963年，美国当初生产的第二架“黑鸟”在犹他州坠毁。两名闻声赶到事故现场观望的农民被军方人员告知，飞机里携带了数颗原子弹。这不过是军方为了掩人耳目而撒的谎，但假消息也很快就被散布了出去，于是当地再也没有一个人前来围观飞机残骸。随后军方在接受媒体采访时表示，当地人的说辞只不过是道听途说而已，失事飞机是一架 F-105“雷公”轰炸机[1]，上面根本就没有装载核武器。当然了，这是军方撒的另外一个谎，但今天的事故记录上确实是这么写的。

美国一共制造了 40 架“黑鸟”，其中 20 架发生了坠毁事故。坐在后排的洛克希德机师和中情局特工大多都没能幸存下来，而坐在前面的飞行员却往往能够逃过一劫。令人吃惊的是，你要知道他们通过弹射座椅用降落伞逃生的时候，尽管飞机正以极快的速度飞行，但没有一位美国空军飞行员是在弹射过程中牺牲的。

“黑鸟”在 1966 年发生的一次坠毁事故，或许是最令世人震惊的一次。相关部门认为，SR-71 可以作为一个理想的平台来发射当时研发出的一款新型无人侦察机（D-21）。他们将一个平台固定在“黑鸟”的背上，无人机便可以直接从“黑鸟”身上起飞出击。想法是不错，但有两个问题。

既然“黑鸟”已经是一台无可挑剔的间谍机器，为什么还要再让它背负一个累赘的间谍设备？而且“黑鸟”在高速飞行时，会从机头处向后方扩散一种强烈的激波[2]，可这架“小黑鸟”又该如何穿过去呢？似乎没人考虑到这一点。无

1 美国 20 世纪 50 年代研制的超音速战斗轰炸机，是美国空军有史以来最大的单座单发动机作战飞机。越南战争后该机型退役。

2 超音速气体中的强压缩波，也称为“冲击波”，会在超音速流动或爆炸中产生。

人机从机载平台上起飞后，就像迎面撞上了一堵墙，随着“砰”的一声巨响就被掀翻了。直到这时，人们才意识到是自己轻虑浅谋了。

无人机无法穿透强烈的冲击波，一头栽了下来，重重地砸在了“黑鸟”身上，硬生生地将它劈裂成了两半。

两名机组成员在撞击中幸存，紧急弹射逃生和开伞降落都很顺利。然而，其中那位名叫雷·托里克的飞行员最终却没能活下来。在降落到太平洋后，他不合时宜地打开了自己的面罩[1]，海水随即灌入了他的压力服，导致他溺水而亡。

这场事故的确很不幸，但要和一架SR－71的陨落相比，那就显得相当微不足道了。这让我起了一肚子火，他们怎能让这台无人机，这个“不孝子”连累它的“黑鸟”母亲[2]？那些人到底在想什么？

我不愿在脑海中描绘“黑鸟”坠毁的悲惨场面，因为那会让我有一种生理上的痛苦。我曾亲自去过位于加利福尼亚州高原沙漠的爱德华兹空军基地，那是“黑鸟”土生土长的故乡。我就这么说吧：SR－71远非一个由某个偏执的国家出资买来的各种新奇材料和一群肥胖的学究们在睡梦中的设计想法缝合而成的怪物。无论是气质还是外观，“黑鸟”都

1 对飞行员托里克的死因，人们持有不同意见，有人认为是压力服被飞机碎片划破所致。

2 当时负责搭载无人机的“黑鸟”被命名为M－21，其中“M”就含有“Mother”（运载母机）之意。

不是一台冷冰冰的机器；特别是，它那铿锵有力的声音在告诉人们："我也有自己的灵魂。"

当我踏进"黑鸟"的机库大门时，第一眼就注意到它那一对巨大的发动机，其体积着实让我大吃一惊。它们甚至比机身还要宽。第二个让我感到意外的东西就是它的钛合金机体。尽管沙漠里的夜晚寒冷刺骨，机身摸起来却温暖又柔软。它没有任何的金属质感，更像是鼹鼠皮。

但最令人感到怪异的是"黑鸟"的声音。在高速飞行的时候，机身会与空气发生剧烈摩擦并产生巨大的热量，因此整架飞机会伸长一英尺[1]。等它降落后，机身会渐渐冷却，尺寸也会慢慢恢复原状。

在我对这架飞机这儿摸摸、那儿敲敲的时候才知道，它已经有六个月没出过飞行任务了。然而，我却依旧能够听见来自它体内的咯吱声和呻吟声。还有那种燃油在持续地滴滴答答往外漏的声音，这是由于油箱的接缝在机体冷却收缩时扭曲破裂导致的。

不过，它的机头却永远没法恢复原样了。在以每小时2 250英里的速度飞行了两个小时后，它的"鼻子"变得皱皱巴巴，地勤人员只能用喷灯把这些皱纹抹平。一位飞行员告诉我，这就和用熨斗熨衬衫一样。

在狭小的驾驶舱内，一切都匪夷所思。里面有大大小小

---

1 飞机在超音速飞行状态下会发生热胀现象，机身长度会增加。这个现象在本书第一章里面有过描述。

2000个仪表盘，但没有哪一个是速度表。由于这架飞机是在20世纪60年代设计的，那会儿人类还以为搅拌机是太空时代的产物，所以飞机上也没有所谓的电子计算机屏幕。你在里边会发现自己身处一个和现代电子化驾驶舱截然不同的世界，那里只有机械器件。可这却让“黑鸟”愈发像是一只有生命、会呼吸的活物。

电脑自然是没有灵魂的。你从一根根线缆、一块块芯片之中，感受不到任何生命的气息。它们虽在运作，却没有一丝活动的迹象。但当你推动一根拉杆，让液压系统带动飞机的某个部件运转起来的时候，一切都不同了。那才是一台机器生命力的体现！而这就是“黑鸟”，它可是一架上世纪五六十年代的造物啊，一直到1999年的最后一次飞行任务，它都始终能够做得那么出色而精准。

这是有史以来最成功的一架侦察机。先前的U-2侦察机[1]飞得又低又慢，你要不信的话去可以去问问加里·鲍尔斯[2]。在1960年执行任务时，他被一枚苏联地对空导弹打了下来，而他驾驶的就是U-2侦察机。更糟糕的是，他不仅没能启动飞机的自毁装置，而且被俘后也怯于服毒自尽。苏联人或许从他身上挖出了不少情报，也有可能一无所获。

1 洛克希德U-2侦察机，首飞于1955年，绰号“蛟龙夫人”，主要用于高空执行全天候侦查任务。正是这架飞机在古巴侦查时发现了在建的苏联导弹基地。

2 加里·鲍尔斯：美国飞行员。他驾驶的U-2侦察机被击落事件被称为“鲍尔斯事件”，此事加剧了美苏之间的紧张关系。

但无论如何都不重要了。两年后正值古巴导弹危机[1]期间又有一架U－2侦察机在古巴上空被击落，飞行员当即殉职。

不久之后，美苏两国就展开了激烈的太空竞赛。但早期的卫星可比不上飞机，因为当时的卫星需要把胶卷从外太空“扔回”地球，地面上的工作人员得先取回胶卷后再拿到情报站去冲洗，最后才能得到卫星图像。所以只有当人们能够通过卫星观看“实时画面”的时候，太空中的那些眼睛才有存在的意义。可是到了现代，它们反而又失去了使用价值。

想想看，冷战时期的美国只需要用卫星盯住一个国家：苏联。而到了现在，需要美国盯梢的地方就多了去了——伊拉克、伊朗、叙利亚、利比亚、阿富汗。谁能知道下一桩麻烦事会在哪里发生？毕竟要挪动一颗卫星又是多么麻烦啊！

然而，一架“黑鸟”就能让所有问题迎刃而解。它想去哪儿就去哪儿，想拍多少照片就拍多少，只要它喜欢。早在1966年，它就是完美的解决方案；即使是到了今天，它依旧无可替代。

1　古巴导弹危机发生在1962年10月16日至28日。起因是美军U－2侦察机飞越古巴，发现了苏联导弹的存在。

潜　艇

要是英国明天就要和某个军事强国开战的话，我会立刻去买一件白色套头毛衫，穿着它乘坐第一班开往苏格兰的火车，直奔潜艇基地报到。一气呵成，绝不拖泥带水。

要是去当步兵的话，整天都得跑来跑去，太累人了。去当骑兵，大部分时间都是在打马球，但我讨厌骑马；只有当手中攥着筹码，眼里盯着赛场上的马匹们竞相奔腾的时候，我才对这种动物有好感。至于去当空军，那纯粹就是和自己的生命安全过不去了。所以参加海军就是我唯一的选择。对了，考虑到我连观看电视上的海战都会晕船，我就只有去当潜艇兵了。

当潜艇兵的好处多多。要是哪天战争真开打了，我就偷偷溜到太平洋的某个小岛上，然后把潜艇藏在棕榈树下面，这样那些爱管闲事的卫星就永远别想发现我了。一直到战争结束前，我都可以在岛上和某个异国姑娘寻欢作乐，共同畅饮朗姆潘趣酒[1]了。

1　一种以朗姆酒为基底的果汁鸡尾酒，通常为酒精度较低的饮料酒。

等到战事平息，我会先对着潜艇的外壳开上几枪，为其增添一丝老兵气质后再开回去。至于身上的晒痕，我就说是潜艇的核反应堆发生故障给我烫的。

要想让计划成功，我就必须当艇长，而且这恐怕还得是个前提。要知道，我不可能以普通艇员的身份加入。艇员们不仅要同床共枕（听起来就有点怪怪的），而且更糟糕的是，他们如厕的时候没有丝毫的隐私，全然暴露在他人的目光下。很抱歉，我是真做不到这一点。我还需要在艇上的某处能让我独处的地方设置自己专属的卫生间，里面还要摆上各种读物。所以说，要么让我当艇长，要么就拉倒。

其实，我一直都对潜艇情有独钟。记得在很小的时候，我有一位住在新斯科舍的叔叔，他自称是一名销售员，还说自己曾乘坐潜艇从加拿大来到了英国。他从未向我透露过为什么要坐潜艇，也未曾描述过那艘潜艇的模样。但在之后的十年里，我都紧抱着他的大腿不放，将他视为偶像。他就是我心目中的“詹姆斯·邦德”——没准儿那真就是他的秘密身份呢。

潜艇最大的魅力在于隐秘性，它能够悄无声息地发动一场战争。而当人们首次提出秘密建造一台水下舰艇的时候，英国皇家海军的高层，也就是一群左脑唯利是图、右脑墨守成规的家伙，竟然觉得此举“奸诈狡猾、有失风度”，最后驳回了这个提议。

他们这么做，或许还有一点是因为，世界上第一艘载有发动机的潜艇是由一名英国小伙[1]设计的。可他却对爱尔兰共和国军怀揣着强烈的同情心。

但最重要的一个问题在于，英国人确实不喜欢在亮出自己身份之前就向敌舰发动袭击。这就像是你和别人约好了决斗，却提前躲在草丛里准备暗算人家一样。至于我嘛，我倒是很喜欢神不知鬼不觉地摸到目标身旁，把它炸得灰飞烟灭，然后再溜之大吉，像水面上的涟漪一样消失得无影无踪。怎么说呢，这不失为一种安全又稳妥的战术。而且更棒的是，大家可以坐着操控潜艇。当然了，我，作为艇长，偶尔还是需要站起来指挥一下的。但至少还有个便捷的潜望镜，能让我靠一靠。

然而，潜艇里并非总是这么一幅轻松欢快的景象。

读过尼古拉斯·蒙萨拉特[2]的作品后，你就会明白二战期间的海战是怎样的光景，也会了解每年都会有多少以吨为计的舰船沉入海底，还能体会到英国首相丘吉尔对德国U型潜艇[3]的担忧和顾虑。丘吉尔在自己的回忆录中写道："U型潜艇是整场战争中唯一令我感到如临大敌的东西。"

在第一次世界大战中，我们只需在英吉利海峡布满水雷

1 这里指的是约翰·菲利普·霍兰：爱尔兰潜艇科学家，研制了世界上第一艘可以实战的潜艇。在作者眼里，只要是做出过杰出贡献的爱尔兰人，都是英国人。

2 尼古拉斯·蒙萨拉特：英国小说家，二战时曾为英国皇家海军服役，著有小说《残酷的海》。

3 U型潜艇，特指在第一次和第二次世界大战中的德军所使用的潜艇。

便能将德国人的潜艇挡在多佛港口之外。而到了第二次世界大战，德国人征服完法国，便可以将潜艇部队驻扎在大西洋沿岸一带。这也就意味着，无论是来自美国的运输船队，还是任何要前往地中海或者大英帝国国土最远端的船只，通通都处在德军潜艇的威慑范围之内。

如何应对这些威胁成为了一个关乎取舍的计算难题。在大多数人看来，让所有从美国开往英国的航船扎堆航行，完全是愚蠢之举。那些持怀疑态度者的看法的确在理：要是U型潜艇发现了一整支船队，那么它就会吃掉其中的大部分船只；而若是发现了一艘孤零零的舰船，U型潜艇也会将其摧毁，但这总好过整支船队全军覆没的灾难性后果。

话是这么说，不过当一艘U型潜艇发现目标后，它必须调整航向直至找到合适的位置才能发起突袭，但并非每次调整都能称心如意。如果潜艇错过了一艘落单的船，只需再等上一会儿，便会有另一艘船慢悠悠地送上门来。但它要是错过了一整支船队，就相当于放跑了队伍里的全部船只，也就意味着要想再次撞见这么一群肥美的目标，可能就要再等上好几天。

简而言之，当时海上作战的情况就是，潜艇突袭船队所能击沉的船只数量，并不比它一个接一个地干掉的数量多。

更重要的是，由于船队都由战舰在外围护航，所以U型潜艇会无可避免地撞到皇家海军的炮口上。要想直取处在中心的运输船，德军必须先过驱逐舰这一关，而这从来都不是一件易事。

抱团而行的船队使纳粹德军不得不重新制定战术。于是，他们让自己的潜艇在靠近大西洋彼岸的海里分散排开，等到某一艘潜艇发现船队，就会立刻发消息通知法国的基地，随后其他潜艇就会集中到这个位置，对目标发起群攻。我们用舰队编制抵抗潜艇，纳粹则利用这种“狼群战术”攻而破之。然而，这场战争实质上是双方科研水平和制造能力的较量。

我们研发出了声呐，他们想出了办法来规避它；我们造出了引爆深度达 500 英尺（约 152.4 米）的深水炸弹，他们则为潜艇装上了抗压外壳，下潜到炸弹无法企及的深度；我们派出高机动性的护卫舰以截断潜艇的后路，他们便给潜艇升级更强劲的发动机；我们破译他们的密码，他们也破译了我们的；我们研制出机载雷达，他们便发明了侦测器，让潜艇能够在飞机赶来之前就遁入深海；我们引进了四发动机轰炸机，为整片大西洋上的部队提供援护，他们却为潜艇的柴油发动机加装了潜水通气管，就不用再频繁冒险浮出水面换气了。这是一场脑力的持久战，而双方都绝非等闲之辈。只不过，纳粹德军最后没能让大英帝国屈服，因为我们比他们更强大。

或许，可怕又危险的 U 型潜艇不仅把丘吉尔吓了个魂飞魄散，也无比残忍地带走了成千上万条性命。战时的确有一阵子，尤其是在 1941 至 1942 年这段时间，即使是一小支德国潜艇舰队也完全能在世界上最庞大的运输船编队和最强劲的海军舰队面前占据上风。

战争开始的时候，我们有 3 000 条运输船，德国人有 100 艘 U 型潜艇，但从始至终也只有 6 艘部署在了大西洋海域中。然而，仅仅依靠这 6 艘潜艇，纳粹就在开战后的 8 个月内击沉了我们的 400 艘船。船只的生产进度远远跟不上它们被摧毁的速度——我们每造出一艘船，就有两艘被纳粹干掉。到了 1941 年夏天，德国已经在海域上部署了 12 艘 U 型潜艇，并打算进一步将规模扩张至 300 艘。对当时横行霸道的纳粹德军而言，这个目标几乎已经真的实现了。

不过，U 型艇老旧过时的设计最终还是败给了突飞猛进的科技。道理就和“剪刀石头布”的游戏一样：潜艇能够摧毁舰船，但只要它敢浮出水面补充空气和燃料，飞机就会送它归西。而 U 型潜艇又必须要浮出水面……

但人类在不久之后便迎来了核能的曙光，以至于新一代的潜艇能够依靠核动力在水下静静潜伏数月之久。要是德国人的那些老式柴油潜艇足以让丘吉尔胆战心惊，那么面对核动力潜艇，他老人家估计得要被吓得瘫坐在地了吧。

这种新式武器不仅没有天敌，而且连巡洋舰和航空母舰这种等级的对手也不在话下。而当核潜艇进化出搭载洲际弹道导弹的能力之后，它甚至还能将整个国家夷为平地。

配有特制的导弹发射装置的核潜艇，其任务就是在海洋深处暗自潜行，就像穿了地毯拖鞋的老鼠一样丝滑无声。它们在等待着发射导弹的命令，随时准备将一块大洲从地球上抹去。

可以说，至少我是这么想的，要是英国所谓的“国防部”真的履行了它的国防职责，那么他们完全可以把陆军和空军给裁了，因为仅靠这么一台揣着洲际导弹的核动力怪物就足以保护整个国家。我可不是在说笑。想想看，要是有谁想对我们发动攻击，那么他们首先必须要拔除我们的核武器设施——可是啊，连我们自己都不知道那艘核潜艇正在哪个犄角旮旯游荡呢，敌人又怎么可能找得到它？

若想找到这么一艘核潜艇，其难度已经不能用大海捞针来形容，而是大海捞“沙”。的确，这些水下怪物的体型都相当庞大——俄罗斯的“台风级”核潜艇[1]的大小，堪比一艘第一次世界大战时的战舰。然而，由于地球七成的表面积都被汪洋大海覆盖，所以有太多的地方可供它们藏匿了。它可以近在眼前，潜伏在离海岸线1英里开外的某处；也可以远在天边，据守在极地的冰层之下。它们四海为家，可能在任何地方。

曾经我在英吉利海峡与一艘核潜艇不期而遇。前一刻，海面静谧祥和，碧波荡漾，除了一群群人畜无害的鳕鱼以外，似乎什么也没有。而下一秒，水面下就突然浮现出一抹巨大的黑影，那是我所见过最可怕的东西……眨眼间它就浮出了水面，出现在我眼前。

但它却给了我满满的安全感。面前这艘庞然大物正提醒

---

1 俄罗斯海军隶下的一型核动力导弹潜艇，也称为“941型战略核潜艇”，长170余米，宽20余米。截至2017年，它一直都是世界最大体积和吨位潜艇的纪录保持者。

着我，尽管英国面临着种种困境和不安，但我们依旧是屹立于世界的一个大国。现在，一个国家的强弱，完全可以通过它是否拥有一支核潜艇编队来判断。它是一个国家的决定性特征，也是科技实力的衡量标尺。它的存在让我们英国在世界面前把腰杆挺得更直。

但在有史以来的所有潜艇之中，其实我最喜欢的还是攻击型核潜艇[1]。它们就像游鱼一样迅捷，能在海里搜寻并猎杀其他同类。

一艘美国的洛杉矶级现代核潜艇能够下潜到 1 500 英尺（约 457 米）的深度。它在水面上的航速也能达到 20 节，这意味着牵上一根绳子就能在它后面玩滑水；更厉害的是，它在水下的潜行速度能达到 35 节。它可以向水面上的舰船发射鱼雷，并且只要总统一声令下，它还可以向数百英里外的各大城市发射巡航导弹。这是一款无可挑剔的杀戮机器，就和电影《异形》里面的怪物一样。

要怎么干掉它？别想了。这种核潜艇不但速度快，而且机动性也很强，等你确定它的位置后，它早就溜到别处去了；如果你尝试向它们发射鱼雷抑或投放深水炸弹，只会发现自己狂轰滥炸的目标不过是一处空无一物的水域。

这类潜艇在水下安静得出奇——举例说吧，一艘美国的攻击型潜艇曾在一艘苏联核潜艇的屁股后面跟踪了 40 天也

---

1 专门为攻击和击沉其他潜艇而设计，同时也能打击水面舰船甚至陆上目标。

没有暴露。不妨想想看，你身后拖着一条鬼魅的阴影，而你竟长达六个星期都浑然不觉。

但其实呢，只有冷战期间才会发生这种事：当一艘攻击型潜艇不小心撞到你屁股上的时候，你才会知道自己身后竟然跟着个伺机捕猎的“小尾巴”。自1967年起，苏联、美国和英国之间曾发生过11起潜艇相撞的事故。一艘英国潜艇在返回港口的时候，头部剐蹭上了一艘苏联潜艇的螺旋桨。

值得庆幸的是，有一艘核潜艇只在极度愤怒的情况下发射过一次鱼雷。

当轻型巡洋舰“贝尔格拉诺将军”号被英国的“征服者”号从鼻子里喷出的两枚鱼雷击中后，阿根廷立即派出护卫舰追击，但仅仅5英里后就找不着北了。英国皇家海军的潜艇能够在敌方毫不察觉的情况下接近目标并开火，然后便消失得无影无踪。

就和前面说过的一样，这种战术或许的确有些“奸诈狡猾、有失风度”，但至少时任潜艇指挥官的克里斯·雷福德·布朗在后来被问起这件事时依旧保持着最高尚的海军传统。“为了这一刻，皇家海军足足等了十三年。”他说道，“要是我搞砸了，那我们的核潜艇部队绝对会颜面扫地。”

他并没有搞砸。最终的战果是剩下的阿根廷军舰纷纷撤回了自己的港口，直到战争结束前都没有再出过海。对他们来说，和水面上那些看得见的皇家海军作战已经够难了；而和水下的隐形潜艇斗智斗勇——那简直不可能。

马岛战争结束后，“征服者”号驶回了苏格兰水域，身上还挂着一面海盗旗。这意味着它在回家路上还顺便干掉了一艘海盗船。尽管这艘潜艇战功赫赫、名垂青史，它还是在1990年退役了。人们把它的潜望镜捐赠给了博物馆。如今，它正安息在法斯莱恩港[1]，随着躯体的锈蚀而静静逝去。

1 即“克莱德海军基地”，英国潜艇部队的核心基地，也是英国皇家海军在苏格兰的主要基地。

航天飞机

我们对航天员的期盼可不低。首先，他们一定要胆大如斗，得像刚吃了“Readybrek”牌燕麦片[1]一样，浑身散发着无敌的光芒；他们需要能够比肩漫画里的超级英雄，但还得再多出一份超能力和英雄气概；他们必须是那种前无古人后无来者的旷世奇才——因为他们将要代表人类进军太空。

几年前，我约见了一位宇航员。我本来以为他会集罗伯特·普兰特[2]和蝙蝠侠的特征于一身，以破门而入的方式潇洒登场。结果，我见到的却是胡特·吉布森[3]。他穿着米色长裤，身着没品的衬衫，开的是一辆丰田凯美瑞，听的还是早就烂大街的穆迪·布鲁斯[4]音乐。

---

1 英国即食燕麦品牌。此处指在公司于1970至1980年间投放的电视广告，演员享用了其麦片产品后，全身散发出橙色的光芒，以示充满活力能量。

2 罗伯特·普兰特：英国摇滚歌手、创作人，曾是著名乐团“齐柏林飞艇”的主唱。

3 胡特·吉布森：本名罗伯特·李·吉布森，前美国海军上校及NASA宇航员。

4 创立于20世纪20年代的英国乐队，以管弦、迷幻的音乐风格见长，其作品曾一度走红。

随着那天我们沟通的推进，我逐渐明白了一个道理：不要以貌取人，也不要一听到某辆四门轿车里传来的车载音乐，就凭刻板印象对司机做出评价。或许胡特的发型就是在街边花几块钱剪的，他穿的衬衫全部来自化纤面料，以至于只要有他在，石油化工业就能再运转一千年。但他却能完成那些衣着华丽、收入丰厚之人所做不到的事情——比如，驾驶他自行改装的竞速飞机在直升机呼啸的叶片下面完成倒飞；又比如，驾驶幻影喷气战斗机俯冲着去轰炸越南人的防空导弹基地；最棒的是，他还能操控人类有史以来最强大的机器——航天飞机。

它就像我们的胡特老兄一样，并没有多么高大光辉的外在。它就像一台笨重的大卡车，拖着沉重的身躯从发射台缓缓起飞，对接上一座隐形的会合点，然后在漆黑如墨的太空中完成物资运送，最后再重返地面。哇哦，真了不起。

后来我参观了一座位于路易斯安那州的设施，罗克韦尔公司就在这里制造并测试那台“飞天大卡车”的发动机。工程师们允许我站在测试平台外200码（约183米）的地方观摩，但还是要求我把防噪耳机戴上。“不用麻烦了，谢谢。”我不屑地嗤笑道，“我曾去过五次‘谁人乐队’[1]的演出现场，我当然知道什么叫噪声。”然而，测试现场的噪声异常猛烈，

---

1 英国20世纪60年代著名摇滚乐团，极具个性，也颇具争议。演出时，他们总会把音量拉到震耳欲聋的地步。后文提到的凯斯·穆恩是乐队的鼓手，在一次演出中甚至把自己的架子鼓都给敲烂了。

完全盖过了凯斯·穆恩狂躁的鼓点声，我的心理准备彻底不存在了。那噪声给我身体带来的共振感跟我所听到的一样强烈，而且，你知道那就是上帝的杰作。

这些实验无疑破坏了自然环境。测试结束后，一朵巨大的废气云团（其实里面除了水蒸气以外什么也没有）缓缓升起，融入了路易斯安那地区午后潮湿难耐的热气。这团云朵在天空中悬浮了一阵儿，就像漂在无垠的蓝色海面中的一块白色肿块，看起来相当扎眼。没过多久，雨水就开始从这块云团中降下。看来，美国航空航天局正在呼风唤雨、创造气象呢。

虽然航天飞机有三台这样巨大的发动机，但令人惊讶的是，尽管你都见证过其中一台所喷射出的磅礴动力，可实际上它们的合力却无法让航天飞机从发射台上起飞，甚至连 2 英尺的位移都做不到。

它们真正的工作原理其实是这样的：在发射前六秒左右，发动机点火后，包括航天飞机机体、两个固体火箭推进器和燃料箱在内的各个部件，共同向用来固定的约束螺栓施力。

当应力达到约束螺栓的极限后，整个装置就会“啵嘤”地一声与发射架分离。此时，发射倒计时已经完成了。所以当航天飞机的头部越过发射台顶端的时候，固体火箭助推器就被点燃了。于是，整套装置就会产生 3 700 万匹马力。世界上没有什么东西能约束得了这种力量。

一位宇航员曾做出过生动的描述：将航天飞机固定在如

此强大的动力传输系统上，就像让一只蝴蝶趴在高速飞行的子弹上面。

从电视画面上看，航天飞机的确是傍着运载火箭从发射台缓缓升空，但你若真以为它是在“缓缓”爬升的话，那就大错特错了。其实当飞机尾部完全离开发射台的时候，它的上升速度已经达到了每小时 120 英里。“你要是坐在里面，就不会觉得它慢了。”胡特对我说道，“你只会听到震耳欲聋的爆炸声，然后就祈祷自己能顺利升空吧。”

一旦固体火箭助推器被点燃，只有一个人可以将其关闭。那个人坐在发射场另一边的小屋里，与航天飞机上的宇航员们素昧平生。如果航天飞机在发射升空时出现了意外，比如有可能坠入迈阿密或者其他人口稠密地区的情况下，他便会履行自己的职责，按下控制台上的遥控装置按钮。这个动作会给助推器上的两个起爆器发射无线电信号，而它们则与炸药带直接相连。只要你观察得够仔细，从图片中就能看到，每个固体火箭助推器都附着了两条和它长度一致的黄色波浪线，那就是炸药带。只要按下按钮，航天飞机连带所有宇航员就会在顷刻间灰飞烟灭。

截至目前，这位神秘人未曾按下过一次按钮。但只要你看过 1986 年“挑战者”号遭遇的事故，你就会明白为什么要设立这么一个职位了。要知道，一架航天飞机爆炸所产生的破坏力与一颗原子弹相差无几。

显然，通过不断引导固体火箭推进器产生的源源不断的动力，航天飞机便能够获得相当可观的加速效果。离开发射台30秒后，它将达到突破音障的速度。所以全世界都会听到两次音爆——一处来自机头，另一处来自机尾。

2分钟后，固体火箭助推器的燃料耗尽，随后便会脱离主体，落入大西洋。人们会将其打捞出水，进行回收和再次利用。如果在这个阶段出了什么岔子，宇航员们只需要操控航天飞机调转航向返回地球，然后降落到美国航空航天局在西班牙设立的紧急跑道上就行了。那么，这场从佛罗里达到伊比利亚半岛的旅途恰在天空中划了一道无比壮丽的弧线，而用胡特老兄的话说，才“花了不到20分钟”。

如果一切顺利的话，航天飞机会在主发动机的推动下继续加速。这些发动机会通过一根直径17英寸（约43厘米）的管道从油箱中吸取燃料。速度之快，足以在10秒内吸干一整个奥运会赛级游泳池[1]。短短8分钟后，原本装着50万加仑燃料的油箱就空得一滴也不剩了。至此，主发动机的使命就完成了。航天飞机正以每小时17500英里的速度在太空边缘行驶。

还觉得它像一辆笨重的卡车吗？我不再那么想了。

或许你认为，进入太空就意味着一连串晦涩难懂的天文数字，但和航天飞机再次进入大气层的技术难度相比，那就是小巫见大巫了。

穿过地球大气层时，机头需要承受高达3000华氏度

1 国际标准尺寸通常为50米×25米×1.8米。

（约1649摄氏度）的高温冲击，这温度几乎快要高于太阳表面[1]了。坐在飞机上层后座的宇航员们，透过机舱顶部的圆形天窗，只能看到一条白炽火焰。等他们闯过大气层这一道难关后，飞行员还需要想办法将航天飞机的时速从17000英里降至211英里的安全着陆速度。

但要想完成这样的操作绝非易事。一方面是因为，在返回地面时，航天飞机的燃料早已耗尽，无法为减速提供动力；另一方面是因为，航天飞机的空气动力特性相当糟糕，简直跟雅家炉[2]一样。因此，驾驶员在操控它下降的同时，还需要完成一系列的急转弯，用每一次的转向抵冲掉一部分速度。即便如此，它的下降速度依然是普通飞机的7倍。这么说吧，如果一名乘员在航天飞机到达降落的最后进近点时直接跳出舱外表演自由落体运动，那么飞机会比他先着地。

我真是太喜欢航天飞机了。令我着迷的，是它的每一项参数、每一个事实信息，一个比一个更令人难以置信。

众所周知，宇航员们是在太空中拍摄下那些惊艳至极的照片的。在那里，他们身着鼓鼓囊囊的宇航服，摆弄着手里的摄影设备，而处在飞机下方的意大利正在静静滑过眼前。我认为，他们拍出来的照片之所以如此壮丽绝美，是因为背景中象征至高文明的地球与前景中代表绝对险恶的宇宙在此

---

1 太阳表面的温度达6000摄氏度。此处是典型的克拉克森式夸张。

2 雅家炉，一种铁制的炉具，用于烹饪和取暖。

共存，其震撼之感无需多言。

胡特和同事们大显身手的环境，是真的严苛险恶。比如，要是航天飞机飞行时，有一侧向着太阳的时间过长，该侧的货舱门就会发生热膨胀，进而无法正常关闭。于是，他们就需要把这个大家伙翻转过来，好让另一侧也受热升温。

尽管目前还没有哪位宇航员在太空作业过程中殉难，但也不是没有过千钧一发的险情。在美国航空航天局的 STS-46 任务中，航天飞机的乘员接到命令，他们需要从货舱区发射一颗欧洲卫星，然后与之保持队形，因为位于德国的指挥中心要进行实时检查。

一切都进行得很顺利，直到地面上有位工作人员按错了按钮，让本应该旋转运行的卫星偏离了既定轨道，直奔航天飞机的方向而去。当雷达发出撞击警报时，只有安迪·艾伦一个人在控制台前面。但当时航天飞机正处在地球的背阴面，安迪无法凭肉眼观察到卫星，也无法利用设备确定其位置，因为那颗卫星其实已然近在咫尺。

他立刻开启了反作用控制喷气装置。那本该是飞机在重返大气层时用来调整姿态的推进器，十分珍贵，但眼下避免和卫星相撞才是当务之急。直至一位乘员发现卫星的方位并确定应该朝哪个方向规避后，他才将喷射器关闭。此时，航天飞机和卫星之间的距离只有不到 700 英尺（约 213 米）。

我们会为乘员们的精湛技艺叹服不已，也会为美国航空航天局需要克服的技术难题感慨万千。不过，我们是否曾停下来认真思考过，航天飞机到底是用来干什么的？

航天飞机的构想在20世纪70年代初提出，后来由美国总统理查德·尼克松于1972年1月5日拍板宣布。他在演讲中告诉大家，航天飞机将把70年代的太空前沿变为人们熟悉的领地，从而为人类在80和90年代的太空研究提供唾手可得的便利。这并非一番蛊惑人心、临场做戏的大话，但后来的事实证明，这样的愿景根本就是个错误。

起初，他们计划每年发射50艘航天飞机，差不多每星期就要送一艘到太空去。后来他们可能觉得有些过于频繁，便打算降低发射频率。但即使是到了1985年，他们都还在琢磨要不要改成每两周发射一次。不管怎么说，他们都严重低估了航天飞机在不同任务间转场所需的时间。我的意思是，如果航天飞机在加利福尼亚州的爱德华兹空军基地降落，它就必须被绑在一架波音747上面，然后再飞回佛罗里达州的发射场。光这一趟的费用就高达75万美元。考虑到综合的耗时和所有的开销，航天飞机一年下来真正的飞行次数不会超过六七次。

此外还有一个问题。从尼克松的演讲不难推断出，登上太空将成为所有老百姓共同享有的权利，而非仅限于一群上过大学的美国白人男性。但不幸的是，这类人本身却并不认同这一点。这些宇航员们觉得，要是把女性和水管工也送上太空，这份职业的含金量和档次就会下降。如果连水管工都能开航天飞机的话……

但最终他们还是同意让普通老百姓一同踏上太空之旅，

而克里斯塔·麦考利芙因此获得了这次珍贵的机会。这位时年 37 岁的女教师从 11 000 名候选者中脱颖而出，在接受了一年的训练后，于 1986 年 1 月 28 日登上了“挑战者”号航天飞机。然而，在起飞仅仅 74 秒后，燃料箱上的一个圆环发生了断裂，“挑战者”号随即爆炸解体。全世界的电视观众都目睹了这一令人惊骇的画面。

当时我正坐在富勒姆的一家酒吧里。看着电视上突然出现的失事画面，人们的谈话声戛然而止，整座酒吧鸦雀无声。震惊之余，我们都觉得此生不会再看见比这更凄惨、更惊悚的画面了。但谁又能想得到，后来发生在 2001 年 9 月 11 日的灾难又给了我们当头一棒……

对美国航空航天局而言，“挑战者”号事故无异于一次晴天霹雳。不只是因为 7 名乘员全部殉难，那场灾难的损失远不止于一艘价值 12 亿美元的航天飞机——所有航天飞机的光明前途，都因这次事故而毁于一旦。

公众突然意识到，太空旅行不仅在当时，而且在未来也不可能“飞入寻常百姓家”。尼克松曾希望，有朝一日大伙儿都可以到太空去打个卡、拍个照什么的；但现在，这一切又突然显得遥不可及。更糟糕的是，为了不让美国航空航天局再次蒙受商业压力，任何企业卫星都被禁止进入航天飞机的货舱区。再加上军方对航天飞机从来就没有过什么兴趣，因此它在一夜之间俨然变成了一辆无货可运的卡车、一架无处可去的飞机。它似乎已经走上了穷途末路。

虽然航天飞机在两年半后重新投入运行，但我完全不知道他们的目的何在。机组成员好像就是去太空里走了个过场，吃了些非那根[1]缓解晕机所产生的反胃，然后就打道回府了。他们与苏联人合作，这样就可以借用和平号空间站[2]作为中途补给点。但大多数情况下，这一切似乎都毫无意义。

其实，直到现在情况也一直是这样。不可否认的是，当美国航空航天局终于在 1998 年 11 月成功将国际空间站的第一个部分[3]送入轨道后，航天飞机也总算成为了空间站组装任务的重要一环。然而，2003 年“哥伦比亚”号航天飞机在返回大气层时发生了事故，在得克萨斯州上空 20 万英尺处解体，航天飞机随之再度被人们戴上了镣铐[4]。

布什[5]可能还会把火星作为下一个太空旅行的目标，但他就是个白痴。现在，相比之下，人们的兴趣更偏向于基因蓝图和人类克隆技术。

到了今天，我们的人造卫星已经将近地空间变为新的殖民地，人类的足迹也已踏遍月球——那只不过是一大块毫无用处的石头。要想进一步揭开宇宙的神秘面纱，我们必须开

1 非那根：一种抗组胺药物，可用于缓解某些过敏症、呕吐、晕眩等。

2 由苏联建造的轨道空间站，是首个人类可长期居住的空间研究中心。苏联解体后归俄罗斯所有。

3 这里指的是“团结”号节点舱，由美国的“奋进”号航天飞机送入轨道。

4 “哥伦比亚”号事故发生后，为增加相应的安全措施，美国决定让航天飞机停飞 2 年。

5 乔治·沃克·布什：美国前总统。作者写作本书的 2005 年，还在其执政期内。

始思考如何向木星的卫星以及另一个星系进发。相应地，我们需要的动力就要比现在我们拥有的强大得多。

在我看来，如今的航天飞机只不过是一个权宜之计，一个在我们想出下一步计划前用来凑合的过渡产物。

航天飞机在每次起飞时都会释放出巨大的能量，但那反而说明，它的能量还远远不够强大。这架可怜的机器非但没有成为人类智慧的骄傲，甚至成了一项反面教材。它时刻提醒着我们：人类对太空的探索还微不足道，并且毫无希望。

福特 GT40

有一天，我找到了老版《疯狂汽车秀》的制片人商讨节目事宜。在我的一番忽悠过后，他决定拍一期讲述历代福特跑车的专题节目。

随后在拟定节目大纲的时候，我提议先从 Cortina 1600E 和 Escort RS 2000 入手，走催人泪下的怀旧路线，然后再将目光聚焦于 Fiesta turbo 以迎合那些小年轻们的口味。总监们听完他们面前的新手主持人的建议后，郑重其事地点了头。我立刻乘胜追击："听我的准没错。福特不快，观众不爱。"他们觉得在理，便给我的提议开了绿灯，让我着手安排。

虽然我讲的是电视传媒业人士爱听的那套营销话术，但我想亲眼见证福特汽车从过去到现在的升级历程，纯粹是出于私心——因为这会让我梦想成真。我将驾驶所有福特跑车中速度最快的一款——GT40。

这一天终于到来了。在 GT40 正式登场之前，我首先要试驾几辆 XR3 和 Consul GT。为了保证节目效果，我只能挤出一副激动不已的表情。这两款车的主人们会对自家的车型出现在电视上感到无比骄傲，要是我指出他们的车子不过是“群众演员”或者只是盛会开幕前的陪衬，那未免也太失礼了。

我在 6 岁时就迷上了 GT40。当时，我觉得法拉利的异域风格过于浓厚，甚至不像是地球人造出来的东西，所以好像就没什么关注它们的必要。而且我彼时正住在唐卡斯特，想遇到一辆法拉利简直比登天还难。而福特就不一样了，因为我老爸就有一辆。

所以当我听说一辆福特将要出征勒芒 24 小时耐力赛，挑战那些意大利“外星飞船”的时候，脑海里顿时浮现出这样一幅画面：大卫将石块装上投石弹弓，准备与巨人歌利亚决一死战[1]。但那时的我并不知道，GT40 是从怨怒的烈火中诞生的。

20 世纪 60 年代初，本来福特马上就可以将法拉利公司购入麾下，但恩佐·法拉利却在最后一刻改了主意。他担心自己倾注心血打造的车队会被大公司的官僚主义作风扼杀，就终止了这场交易。面对恩佐的公然反对，亨利·福特二世自然是咽不下这口气，于是下令要求自己庞大的汽车帝国打造出一辆能在勒芒耐力赛中与法拉利一决雌雄的赛车——他要把法拉利生生比下去，让它看起来就像个半吊子。

美国人最初为赛车选用的是一台 350 匹马力的 4.2 升

---

1 《圣经》中一则讲述以弱胜强的故事。一位叫大卫的牧童仅凭手中的投石弹弓就击败了腓力斯丁的巨人战士歌利亚。

V8 发动机，使其极速可达每小时 207 英里。但他们认为这样的动力还是太弱，便将排量增加到了 4.7 升。可这依旧没有解决问题。

虽然早期的原型车就像一只只难以驯服又不可靠的小狗，车头轻飘飘的，车尾又不稳、爱打滑，但为了狠狠地羞辱恩佐·法拉利，亨利·福特咬牙将研发坚持了下去。底盘和车身设计交由英国团队负责，40 英寸的车身高度也是“GT40”车型的得名来历。在一番颇有技术含量的捣鼓过后，他们不仅为汽车加装了空气动力学套件，还将一个备胎塞进了短小的发动机盖下面。与此同时，美国人正在发动机方面攻坚克难，最终研发出了一台硕大、凶猛的 7 升 V8 发动机。

这一招果然见效，福特终于在 1966 年赢下了勒芒耐力赛冠军，这也是他们自车队创立以来赢得的所有奖项中含金量最高的一项。不仅如此，在之后的三年中，福特又连续卫冕，使法拉利连续四次都无缘冠军，就像是一个蓝领工人把一名蓝血贵族打了个满地找牙。这也让某个唐卡斯特的小男孩十分高兴，因为在他看来，正是他爸爸的那辆福特 Anglia 在赛场上叱咤风云呢。

而在将近 30 年后，我即将驾驶一辆真正的 GT40 去兜风。

不过那并不是一辆专业赛车，而是福特为纪念那四场胜利而生产的公路跑车，总共才出厂了七辆，而我将要驾驶的就是那七分之一。福特本来是计划生产更多的，但美国一家知名汽车杂志的试驾测评却把 GT40 骂得很惨："阉割版的 V8 发动机只有 300 匹马力，在原版的对比下就像个娘炮；后备箱看起来就像一个臃肿的屁股，让整款车简直丑爆了。"福特听闻火冒三丈，一气之下停掉了它的生产排期。

但我可不管什么产量多少的事儿。我马上就要开上我的梦想座驾了。当我打开那低矮的车门时，我的心就像正在洗靴子的洗衣机一样，咚咚咚地响个不停。

但刚把一条腿跨进去的时候，我就知道自己有麻烦了。因为那条腿并没有如我想象的那样顺着仪表盘下方滑进去。于是我把腿抽出来，试着先把屁股坐进去，但这招也不管用。一番呼哧带喘的折腾过后，我终于把腿放到了踏板处，也把屁股固定在了座椅上。然而另一个问题又出现了——车门关不上了，我的脑袋还露在外面呢！车子有了，钥匙也有了，甚至连保险也买好了，但我个子太高，根本就塞不进驾驶室。真扫兴，简直是毁灭性的打击！

近在咫尺，却如隔千里。但从某些方面而言，这也不算是件坏事。常言道，"永远不要想着去结识你心目中的英雄。因为和他们真正相遇总会令人大失所望。"这话说得没错。我 4 岁的时候曾找到约翰尼·莫里斯[1]要他的亲笔签名，结果他却丢给我一句"滚蛋"。我想在汽车上，也是同样的道理。

1 约翰尼·莫里斯：本名欧内斯特·约翰·莫里斯，威尔士电视主持人，以儿童取向的动物科普类节目而著名。

还有一个赤裸裸的事实摆在眼前：和一台大众高尔夫GTI相比，公路款的GT40在速度、舒适性、安全性、车辆配置等方面都相形见绌，驾驶体验更是差得远了。要是我真能开着GT40去兜风的话，回来后肯定会黯然神伤吧。那种落空的感觉，可能比我连车都坐不进去更糟糕。

那么为了纪念福特公司成立100周年而特别打造的新款福特GT超级跑车又如何呢？虽然我们并不能把它叫做GT40，因为福特已经将GT40的名称和所有权出售给了一家组件汽车[1]公司，但它看起来和GT40的确很像。没错，福特GT体积更大，车身轮廓更加锐利、更有锋芒，它那美丽、凶猛且绝妙的造型是挑不出任何毛病的。

和之前那款GT40不同的是，福特GT内部更宽敞，更易于驾驶，而且速度飞快。它搭载的是从福特Lightning皮卡上移植过来的5.4升V8发动机，能够输出735牛·米的扭矩并迸发出540匹的马力，极速可达每小时212英里。因此，它的极速不仅比GT40还高，而且超过了目前市场上的所有公路跑车。四十多年前的那个“蓝领斗士”，如今依然壮心不已，就像布鲁斯·斯普林斯汀[2]一样老当益壮。

---

1 在获得某台汽车的制造和销售权后，这些公司会对改款汽车自行改装或重组，进而推出一款全新的车型。此外，公司还面向客户销售汽车组件，客户可以自己进行组装或改装。英国的凯特汉姆（Caterham）就是这样的公司。

2 布鲁斯·斯普林斯汀：生于1949年的美国摇滚乐手，作词家，作曲家。其音乐作品有着“工人摇滚”和“蓝领摇滚”之称。斯普林斯汀的艺术生涯很长，年逾70仍然在发表新专辑。

我很高兴马上就能得到一辆福特 GT 了，我也相信我们将度过许多愉快的驾驶时光。但归根结底，福特 GT 只是一款仿照着伟大的 GT40 临摹而成的复刻品。

我自然会享受车库里的那辆福特 GT。不过，我的爱，永远属于书桌前的那张海报上印着的 GT40。

“大和”号战列舰

战列舰的概念最先由一位名为维托里奥·库尼贝尔蒂的意大利工程师提出。他早在 1903 年就做出了推断：不久后，海军舰船不仅需要应对海面上的舰炮攻击，还要提防在水下穿梭的致命鱼雷，而且说不准等哪天航空飞行器也能投掷炸弹了，还有来自空中的打击需要防备。

对此，他的解决方案很简单。他认为，一艘现代舰船必须要速度快、装甲厚，并且只能配备大口径火炮。先前那些只能近距离发射才有威力的“豌豆射手”，就不要再使用了。反正就是越大越好、多多益善。

如此一来，战列舰才能够按时抵达既定位置，同时它身上的装甲能够抵御来自水上或水下的一切攻击。随后，等它摆好阵势，就可以让敌军沐浴在 12 英寸乃至 16 英寸口径的炮火之中。

安装辅助性的小口径火炮纯粹是画蛇添足。要是没能击中目标，它们溅起的大量水花，反而会干扰主炮的视野，影响负责装弹的士兵执行任务。再说，要是舰船上只有一种口径的弹药，就不会出现装错炮弹的情况了。

此般军事推理听上去很合理，你肯定也是这么认为的。而且，这样一艘凶猛庞大的战舰还能带来另一个好处——拥有了它，就等同于拥有了国际威望。当时，要是让全世界都知道你有一艘战列舰，顿时你就成为了一股不容忽视的势力。

虽然日本是第一个开始建造战列舰的国家，但不好意思，第一个让战列舰下水的国家是我们英国。我们只花了不到 100 天就完成了这艘战列舰的建造，并由国王爱德华七世为其赐名。之后，它的名字就成为了后来的其他同类战列舰的通称。

它就是隶属于英国皇家海军的“无畏”号战列舰[1]。

这艘巨舰重达 17 900 吨，身披 11 英寸（约 28 厘米）厚的装甲，配备 10 门 12 英寸（约 30.5 厘米）口径的舰炮。这么巨大的战舰，能够航行就已经足够令人吃惊了，而它的航速还高达惊人的 21 节，实在是非同凡响。它之所以如此生猛，是因为它是有史以来第一艘搭载蒸汽轮机的大型战列舰。这在当时还是新兴技术，能够将干燥、过热蒸汽的热能转化为螺旋桨的机械能。

当时，汪洋大海一直是英国人的天下，这是两个世纪以来都未曾改变过的事实。尽管如此，“无畏”号战列舰依旧

1 皇家海军“无畏”号战列舰在动力和武器方面的突破创新使其成为现代战列舰的始祖，于是“无畏舰”便成为了战列舰核心要义的代名词，即“全重型火炮战列舰”。

举足轻重。曾经，皇家海军能同时对垒俄法两国的海军舰队；而在“无畏”号问世之后，皇家海军便能和全世界的海军部队角力，天下无敌。

不幸的是，英国之外的很多国家也采纳了库尼贝尔蒂的观点，包括日本、美国、巴西、新西兰、阿根廷、俄国、土耳其、智利、法国和德国。而德国，正是其中最令人不安的。

德国人毫不掩饰地告诉世人，他们的舰队“人挡杀人，佛挡杀佛”，哪怕是世界上最强大的海军势力（说的就是我英国皇家海军），也要对他们退避三舍。

德国人还有一个巨大的优势，那就是他们的舰队只需要在波罗的海和北海游荡徘徊，于是他们的船舰设计师完全不用操心食物和燃油储备，也不必考虑舒适度，毕竟舰队单次出航的时间并不会太久。反观英国舰队，他们的覆盖范围是以香港和大洋洲为起点的、能延伸到世界上任何一个角落的海洋。这就意味着每次出征，船员都需要在海上生活数月之久，所以我们不得不把船内空间“浪费”在储藏室和床铺上。这就使得皇家海军战舰的造价异常高昂。“无畏”号战列舰就花了 200 万英镑，十年后它的姊妹舰造价更是达到了 300 万英镑。而且往后的造价只会越来越高。

既然我们的无畏舰个个都价值连城，为了物尽其用，海军指挥官不得不制定一套全新的战术。在过去，我们的战舰只需要负责打打杀杀。但如今，敌军新式舰船的火力如此猛烈，而我军舰艇的造价又如此昂贵，指挥官们不得不开始考虑怎样做好防御措施。

所谓防御，可不仅仅是为了防住敌舰的炮击那么简单。一颗微不足道的水雷也好，一枚阴险狡诈的鱼雷也罢，只要它们贯穿了船体装甲，就能将整艘战列舰沉入大海。

如果真的发生了这种事，那将不仅是物质上的损失，还会是一番精神上的打击。要是皇家海军损失了一艘无畏舰，将会对国内的士气和民心带来灾难性的影响。你大可当着一个英国小伙的面骂他媳妇是个丑八怪，或者说他的“命根子”奇小无比，对此他都会一笑而过；但你若告诉他英国失去了一艘战列舰，他就会立刻崩溃，哭天抢地，悲痛欲绝。

结果可想而知。对于拥有新型巨舰的新式海军而言，“进攻”已然成为了一个不受待见的词语，如何防御，才是重中之重。

所以当第一次世界大战爆发时，我们只让舰船在自家基地附近转悠。那德国人呢？其实，他们也不想让自己的无畏舰陷入险境，所以也让舰队驻留在家门口。于是乎，在一战爆发后的前几年里，北海水域只发生过双方用布雷舰[1]进行的短暂而快速的突袭战。

在随后爆发的日德兰海战中，双方先派出了造价更低廉、武器和装甲较弱的战列巡洋舰交手，打了个两败俱伤。等到硝烟散去，两边的巨型无畏舰才姗姗来迟，双方剑拔弩

1 布雷舰是用于基地、港口附近、航道、近岸海区以及江河湖泊布设水雷障碍的军舰。

张，世界上的首场战列舰大战似乎就快上演了。然而，这场战斗并没有爆发。德国指挥官认为，能赢下这场战斗固然是好事，但实际上那在德军的计划中并没有太大意义；而要是打输了的话，后果将会是灾难性的。于是他命令舰队掉头返航，逃回基地去了。

皇家海军舰队本可以追击逃之夭夭的对手，毕竟我们的舰船在数量、战斗力和速度方面都有优势。但同时我们又担心德国人可能会乘着逃跑在身后埋设了水雷，于是也选择掉头返航。最后的结果当然是令人惊奇的：从第一次世界大战开始到结束，敌我双方的战列舰之间没有任何击沉记录。

随着战事结束，德军舰队遭到了挫败，各国还同德国签订了一项条约[1]以限制其未来的战列舰规模。哦，这条约还是生效了一阵子，大概也就 20 分钟左右吧。然后所有人就开始为“第二回合”做准备了。

至此，战列舰的类型已经是五花八门：有的为了追求速度而抛弃了大部分装甲；有的只在关键部位做好防护；有的用铁甲把自己全身包了个严严实实。那么又应当安装哪种规格的舰炮呢？更重要的是，应该把它们装在哪个位置？对于这些问题，人们曾争论不休。英国人曾一度决定不在舰尾安装炮塔，给出的理由是“我们绝不会临阵脱逃”，但这番决定背后还真有一定道理。

如果你在舰首和舰尾都装有炮台，遇敌时则需要调转方

---

1 这里指的是《凡尔赛条约》。

向以侧身姿态面向目标，这样你的所有舰炮才能全部瞄向敌人。但以侧身姿态面向敌舰可是兵家大忌，相当于把自己变成一个活靶子。但若是所有炮台都集中在前部，战舰就能够直端端地对准目标，而敌人再想击中你的话，可就难得多了。

听起来很有道理，事实上也的确如此。然而，和其他国家的海军相比，我们英国海军有一个实打实的缺点，那就是太因循守旧。皇家海军有一个根深蒂固的观念：“老祖宗留下的经验，我们就要坚持下去。”比如，他们之所以认为射速比精度更重要，完全是因为他们在特拉法尔加海战[1]中依靠射速的优势取得了胜利。

随后，第二次世界大战爆发时，皇家海军仍旧是公海上的一支劲旅。但很不幸的是，德国人再次追赶了上来。于是，1941 年 5 月 24 日的早晨 5 点，一场有史以来最著名也最惨烈的海战拉开了序幕。

为了尽可能击沉更多运输船，德国最高统帅部派遣“俾斯麦”号战列舰前往北大西洋海域“狩猎”。而德国人依旧和以前一样，像对待宝贝一样珍惜他们的战列舰，要求舰长不惜一切代价避免和任何英国舰船交战，毕竟他们实在不想让自己引以为豪的战舰受到损伤。

1 英国和联合舰队（法国、西班牙）于 1805 年 10 月 21 日展开的海战，以英军的胜利告终。此役过后，法国海军精锐尽丧，一蹶不振，拿破仑·波拿巴不得不放弃进攻英国本土的计划，英国海上霸主的地位得到巩固。此役成为英国海军历史上的一次重大胜利。

若是任由这艘杀戮机器在大西洋海域兴风作浪，我方连接美国的生命补给线便会遭到破坏。英国人绝不允许这种情况发生。但要想阻止一艘战列舰，就必须要拿另一艘去硬碰硬，我们可以说是咬紧了牙关，硬着头皮迎战。

随后，我们有 4 艘巡洋舰发现了俾斯麦号的行踪，但它们都不是对手，只能悄悄跟在俾斯麦后面，一直保持着安全距离，直到我们的“大杀器”赶来——它们分别是“威尔士亲王”号战列舰和“胡德”号战列巡洋舰。

“胡德”号先发制人。两条火焰从舰艇前端的炮塔中喷涌而出，只可惜它们对准的是“俾斯麦”号的护卫舰。“威尔士亲王”号在调整位置后倒是找到了正确的目标，结果却打歪了。德军护卫舰开火还击，“胡德”号被炮火击中，但并无大碍。随后，英国舰队进行了一轮又一轮的开火。尽管我们的火炮有着不俗的射速，但准头却惨不忍睹，倾泻而去的炮弹竟全部打了个空。

然后就轮到“俾斯麦”号出手了。它的第一轮炮火攻击同样没有命中。此时此刻，谁的战舰最坚挺、谁的炮火最精准，似乎就决定了胜利的天平会向谁倾斜。但有一点可以确定，这将会是无比漫长的一天。

事实却并非如此。“俾斯麦”号的第五轮炮击重重地砸在了“胡德”号身上，后者的甲板装甲被炮弹贯穿并引发了弹药库爆炸，舰体断作两截，不到 3 分钟便沉入了大海。全舰共 1 419 名官兵中，仅有 3 人幸存了下来。

“俾斯麦”号转而将它黑洞洞的炮口对准了遍体鳞伤的

“威尔士亲王”号。后者不敌对手，调头撤退。

战列舰有史以来第一次在实战中证明了自己的价值，但同时也暴露了它最大的短板——它犯下的罪行必将招致报复，哪怕再过一千年也别想侥幸脱逃。

回到国内，丘吉尔深知“胡德”号战沉会对士气和民心带来沉重打击。舰上官兵的伤亡固然惨重，但失去一艘舰船却更为可怕。尽管“胡德”号是一艘战列巡洋舰而非战列舰，但它依旧是皇家海军的骄傲，因为它仍然属于无畏舰的范畴。即使是“俾斯麦”号上的德国官兵也体会过它带来的威慑感。

因此，皇家海军再次奉命出击，发誓要让“俾斯麦”号血债血偿。先前在战斗中受损的“威尔士亲王”号重整旗鼓率先出发追踪德国人的时候，一支特别狩猎小组就已经整装完毕：“声望”号战列巡洋舰、“皇家方舟”航空母舰和“谢菲尔德”号轻型巡洋舰从直布罗陀海峡出发；“拉米伊”号战列舰放下了手头的护航任务，特地前来支援；而拥有前置炮台的“罗德尼”号战列舰也从爱尔兰附近的基地出征，一同加入讨伐“俾斯麦”号的行动中。

然后还有一支既有的“寻敌小组”，由“英王乔治五世”号战列舰、“胜利”号舰队航空母舰[1]和“反击”号战列巡洋

1 舰队航空母舰指跟随一国海军舰队共同行动的航空母舰。与护航航空母舰相比，舰队航空母舰在装甲防护、航行速度和舰载机数量等方面更有优势。

舰组成。它们也在奉命搜寻“俾斯麦”号的踪迹，一旦找到，就将其摧毁。

如此兴师动众，就是为了找“俾斯麦”号算账。

一架“剑鱼”鱼雷攻击机率先展开了对“俾斯麦”号的攻势。它的第一轮攻击没能造成有效伤害，而第二轮进攻更是差劲，竟发生了失误，险些打中友军——鱼雷冲着“谢菲尔德”号的方向射了过去。但好在它的第三轮攻击正中“俾斯麦”号的要害，毁伤了它的方向舵。

这艘可怜的老伙计便只能呼哧呼哧地吐着蒸汽，无助地在原地打转，然后等待英国舰队主力的制裁。皇家海军的大部队接踵而至，一如杀气腾腾的狼群。

1941 年 5 月 27 日清晨，“英王乔治五世”号和“罗德尼”号对“俾斯麦”号发动炮火猛攻，不到 90 分钟就让它们的敌人陷身地狱般的火海中。但“俾斯麦”号依旧坚挺，不肯沉没。见状，“多塞特郡”号重型巡洋舰又补射了数枚鱼雷——它也是头一天才加入讨伐大军行列的——才终结了“俾斯麦”号。上午 10 点 36 分，那艘德国海军的骄傲，在爱尔兰海域附近沉没了。

虽然“俾斯麦”号被击沉了，但对德国海军而言，我并不认为这是一场失败。想想看，它首先击败了“胡德”号，那可是皇家海军最中意的宝贝之一；随后还凭借一己之力，在数天内牵制住了皇家海军的大量舰只。

而在拖延敌方时间这方面，“俾斯麦”号的姊妹舰“提尔皮茨”号可以说是更为成功的典范。

当“提尔皮茨”号还在建造的时候，皇家空军前后对德军的造船厂发动了总共 14 场大规模空袭，以期将其扼杀在摇篮中。然而，这些空袭均以失败告终，“提尔皮茨”号也于 1941 年 2 月 25 日正式服役。

短短三个月后，就传来它姐姐“俾斯麦”号被击沉的消息，这也迫使德军为年轻的“提尔皮茨”号重新规划定位。到了 1942 年 1 月，它本可以投入战斗，但德军意识到，自己不能再失去这样的战列舰了，于是决定将它藏在挪威的峡湾里，让它在那里度过了战时的大部分光景。

这听起来相当可悲，但德军看似疯狂的行为背后，是战略上的考量。他们深知，看着自己造出了这么一艘巨舰，英国和苏联绝不会放任不管，同盟国联军就会不惜一切代价去追杀“提尔皮茨”号。这样一来，大量资源就会浪费在巡猎这艘战列舰上面，而这些资源本来或许可以投入到大西洋或地中海的战斗中。

战列舰就是如此有趣的事物。哪怕是把纳粹头子希特勒摆在它的一旁，人们也会考虑优先拿下战列舰。

没想到这一招异乎寻常地奏效。“提尔皮茨”号刚抵达挪威两周后，英国就派出了 7 架“斯特灵”[1] 和 9 架“哈利法克斯”[2] 前去突袭轰炸，但行动由于恶劣天气终止。两个月

1 二战时期英国制造的重型轰炸机，主要用于对德国的空袭任务。

2 二战时期英国的第二大轰炸机，主要用于夜间轰炸任务，仅次于后文提到的“兰开斯特”轰炸机。

后，英国又组织了一场规模更大的空袭任务，但是天公依旧不作美，将所有轰炸机又赶了回去。不过到了四月，天气转晴，使得英国趁机发动了 30 架“哈利法克斯”和 11 架“兰开斯特”轰炸机空袭德军，试图一举拿下“提尔皮茨”号。但这艘战列舰竟然能够从空袭中全身而退。哪怕是英国在第二天晚上又派出了 32 架飞机，它也神奇地躲过了袭击，毫发无损。

等到空袭结束，“提尔皮茨”号从峡湾中探出脑袋，随后便踏上了猎杀船队的征途。几乎就在它出发的同一时间，一艘苏联潜艇扑了过来，并朝着“提尔皮茨”号的船舷发射了一枚鱼雷。这些鱼雷的威力果然不一般，要是你不跟舰上的德国官兵知会一声，他们根本不知道刚才有颗鱼雷打中了自己。值得庆幸的是，“提尔皮茨”号自始至终都没发现任何一艘运输船的身影。但它的这次出航也并非毫无用处，至少它让英国人心中警铃大作——这艘危险的战列舰依旧在附近海域游荡。

到了十月，我们又开始计划使用人控鱼雷[1]。但这个项目在北海那边出了点岔子，于是我们便再次尝试微型潜艇，并用 6 艘大潜艇将它们拖到了北海。这些小家伙的表现确实不错，水雷埋设的位置正好在“提尔皮茨”号的龙骨下方，

1 设有特制乘员座位的鱼雷。身着潜水服和供氧设备的驾驶员可以操控鱼雷到达指定位置，随后同鱼雷分离并返回潜艇，最后再引爆鱼雷以杀伤目标。

其中两枚还造成了相当可观的爆炸伤害。要是普通舰船的话，这两下爆炸肯定能让它直接报销，但“提尔皮茨”号可不是等闲之辈。诚然，两次爆炸确实损坏了它的船体，也让它的方向舵和涡轮机遭到重创，但它依旧没有沉没。

在它接受维修期间，苏联人发动过一次空袭，但那只能用不痛不痒来形容。而随后由我们英国发动的一场突袭，才算是真正伤其体肤。1944 年 4 月 3 日，41 架梭鱼式轰炸机从空中俯冲而下，15 枚炸弹直击“提尔皮茨”号的要害。空袭终于奏效了。然而，令人难以置信的是，“提尔皮茨”号依然能够存活下来，而且还挺过了之后的另外三轮空袭，更是仅在短短三个月后就再次回到了海面上。

两个月以来，我们几乎把所有东西都砸在了这个硬得像王八壳子一样的东西上。直到十月，当一架“兰开斯特”轰炸机命中了“提尔皮茨”号的船头，才使得整艘船终于屈服。它的最大航速骤降至 10 节，挣扎着想回到挪威寻求庇护。但在 1944 年 11 月 12 日，还没等它钻回特隆赫姆[1]的老窝，我们的 31 架“兰开斯特”轰炸机就用“高脚杯”[2]对“提尔皮茨”号打出了致命的最后一击。

至此，“提尔皮茨”号再无回天之力。它朝着左舷的方向倾斜，很快便倒扣在了水中，舰上近 1 000 名官兵随舰沉没。

---

1 “提尔皮茨”号在挪威的驻港。该港位于挪威海岸中部。

2 英国皇家空军使用过的 12 000 磅特种航弹，也被称为“高个男孩”。

战争结束仅仅三年后，“提尔皮茨”号的残骸就被一家打捞公司仅以 10 万挪威克朗的价格买下，随后被拆成了无数碎片当成废品处理。这艘船未曾击沉过任何对手，但对手在它身上所浪费的军事资源，很可能比战争史上的任何一种武器都要多。而它最终却落得如此下场，真是悲惨。

我认为，在所有战列舰中，“提尔皮茨”号是最优秀的。而要说称得上是最令人叹服的，理应是体型最大的那一艘——“大和”号战列舰。

重达 41 000 吨的“提尔皮茨”号已是无比庞然的巨物，而 68 000 吨的“大和”号更是夸张得令人难以想象。

它是一位披盔戴甲、久经沙场的武士，即使是最薄弱处的装甲也有 8 英寸（约 20.3 厘米）厚，而重要部位的装甲厚度更是达到了 22 英寸（约 55.9 厘米）。实际上，连世界第二大战舰的总重量甚至都不及它身上铠甲的重量。这就是它存在的意义——为它的对手带去震慑与惊恐。我们英国的皇家海军有一艘“无敌”号战舰，但人家这艘却能当真担得起“无敌”之称。

它可以说是日本主要领土之外的又一座海岛。它拥有 1 147 个隔舱，庞大的身躯甚至还能容纳 7 架舰载机。尽管“大和”号又大又沉，它却依然能够以 27 节的航速飞奔，比现在的大多数水上摩托艇还要快。

哦对了，为了在胖揍敌人的同时免受敌机的侵扰，它还配备了 141 门防空炮。

但和它硕大的 18 英寸主炮（460 毫米舰炮）比起来，

这些防空炮看起来就和玩具枪一样。每门主炮都能够发射一枚 1.3 吨重的炮弹，射程可达 25 英里。是的，你没听错：1.3 吨、25 英里。而且在“大和”号上，这样的大炮总共有九门。

英国人曾经只在“暴怒”号巡洋舰上安装过一门口径如此之大的舰炮，但这种炮却总给人一种“杀敌八百，自损一千”的感觉——还没把敌人炸沉，自己的船就先被震坏了。

“暴怒”号的一名船员回忆起一次试射时说道：“它的射程能有 30 英里，但我觉得它根本无法命中目标。不过，它开炮时的场面的确是相当壮观——每次炮击都会产生震天撼地般的后坐力，以至于我的船舱里面就像刮起了暴风雪——刮的不是雪片，而是从天花板和隔板上面震落的铆钉头。”

换句话说，这门 18 英寸口径的大炮每开一次火，“暴怒”号巡洋舰就简直要把自己震到裂开。而你可别忘了，“大和”号可是有九门这样的大家伙。整整九门啊！

有一次，我正站在一辆坦克旁边，然后随着它射出一枚小得可怜的炮弹，我都几乎快被那冲击波给震趴下了。所以，当日本人引以为傲的九门主炮一齐开火时，只有天老爷才知道那是一幅怎样的景象。甚至远在地球另一端的人也会听到炮火的轰鸣。炮火会掀起滔天巨浪，制造一场海啸和飓风，犹如《圣经》中描绘的神迹般宏伟。那是一股能够真正劈开海洋的残暴之力。而在这背后，“大和”号还有更多不为人知的力量。

当九门主炮齐发时，总共近 12 吨重的高爆炮弹将同时从炮管内飞出，这时的总后坐力该会有多大呢？“大和”号由三菱公司负责制造，但即便三菱制造一贯以质量优异著称，要完成如此庞大而艰巨的任务，依旧是难以想象：他们到底是怎么做到的？

负责指挥这艘强力战舰的人，是日本帝国海军大将山本五十六。他其实算是厌战派[1]。正如影视作品《虎！虎！虎！》和《珍珠港》里面所描述的，他曾留下过一句永世流传的箴言：“恐怕我们的所作所为已经唤醒了一位沉睡的巨人。”

他也并不喜欢战列舰。因为他意识到，战列舰尽管能够牵制住敌人，但实战能力却并不突出，而且还有一个根本上的缺点：造价太过高昂。

果不其然，他麾下的这艘战列舰在整个二战中都表现平平，经常都是在太平洋海域上无所事事地巡逻，几乎没有遭遇过战事。直到 1945 年 4 月 7 日，在一场名为“天号作战”[2]的行动中，它才迎来了属于自己的胜利时刻，那足以让它成为崇高化身的时刻——“大和”号必将葬身大海，因为

1 山本五十六虽然在二战时反对日本加入轴心国，也反对日本对美国所在势力发动侵略战争，但迫于日本右翼势力和日军高层的压力，他最终还是发动了太平洋战争。

2 1945 年，日本在太平洋战场节节败退，便制定了孤注一掷的“天号作战”计划，集结大军企图在美国登陆冲绳岛时对其展开袭击。该计划以失败告终。

它要与美军以命相搏。而这任务却正是日本人亲手制定的。

到了这个阶段，日军大势已去。美国军队已经推进到了冲绳岛，而“大和”号已是日本帝国海军仅存的大型战舰。所以它只加注了单程航行所需的油量，奉命与来势汹汹的美军同归于尽。

美国人当然知道日军最后会被逼得狗急跳墙，也深知臭名昭著的神风敢死队[1]有多么危险，于是他们严阵以待，派出了至少 400 架飞机前去阻击。为了以防万一，他们还派遣了 6 艘战列舰，枕戈待旦。

交战过程中，美军曾用鱼雷击中了“大和”号，但收效甚微；而之后的轰炸攻击更是无济于事。美国人与“大和”号交过手，尝过挨上一发巨炮是何等滋味，所以很清楚阻止“大和”号绝非易事。但他们就算是做梦也想象不到，这台震慑人心的巨舰到底能抗下多少轮猛攻。

美军航母的舰载机很快就料理了“大和”号的小型护卫队，并且在接下来的一小时内，美军射出的多达 20 枚鱼雷，纷纷击中了目标。但“大和”号仍然能够航行，并用自己那 141 门防空炮进行垂死挣扎。直到最后，它被 17 枚重磅炸弹命中，才向一侧翻滚并发生了爆炸。爆炸瞬间迸发出 1 000 英尺高的蘑菇云。熊熊火光之下，这艘有史以来最宏伟的战列舰断作两截，沉入了 1 000 英尺深的大海中。

---

1 第二次世界大战末期，日本为了抵御美国，对美国舰艇编队、登陆部队及固定的集群目标实施自杀式袭击的特别攻击队。

战后，人们很快就开始质疑无畏舰的实战意义。少有战列舰会被敌方的火炮击沉，而战列舰本身的功绩也并不突出。它们通常都被用来炮轰海岸防御工事，但坦白讲，这种任务完全可以交给航空母舰完成，效果还比战列舰好很多。

于是，航空母舰便成为了海军舰队的新一代旗舰。

英国的最后一艘战列舰“前卫”号于 1960 年退役，而美国则一直坚持到了 1998 年，才将他们的最后一艘战列舰“密苏里”号退役，并将其变成了一座海上博物馆，安置在夏威夷附近。如今，战列舰已然成为历史。

这是何等的悲哀。的确，我曾搭乘过一艘尼米兹级航空母舰，它的核动力装置加一次燃料就可以运作 1 000 年，它的舰载机能够将打击范围延伸到战列舰无法企及之处，并且它的航速更是可以达到惊人的 33 节。然而，和一艘战列舰比起来，它又是多么的丑陋而野蛮。

是啊，这样的词语永远都不会被用来形容一艘战列舰，尤其是“大和”号。

或许有人会认为：机器，若只为杀戮而生，则毫无美感可言。纯粹的杀戮机器或许是可以雄奇壮丽的，也可以是令人惊叹的，但那绝不是美好的。不过，事实证明，在战列舰存在于世的短短 90 年的生命中，在杀戮这方面，几乎任何其他战争武器的表现都比它强。战列舰所要做的只是在海面巡逻，让金主们满意就行了。

所以在我眼里，战列舰绝对是美轮美奂的造物，而“大和”号则是其中之最。

“喷火”战斗机

1940年，纳粹德军以不可阻挡之势，大摇大摆地闯入了波兰、法国、比利时、荷兰、卢森堡、挪威、丹麦和捷克斯洛伐克。此时，全军上下士气高涨，坚信他们马上就会踏平英国，如同踩死一只路上的虫豸，接着他们会再向东猛进，直逼莫斯科。但事实并未如他们所愿，一架伟大的机器将德军的如意算盘无情掀翻。

自我们赢得第二次世界大战以来，学者们各抒己见，议论着哪种武器对于二战的胜利起了决定性作用。巴顿将军说是威利斯吉普车[1]，科学家们认为是雷达，而大英帝国的庶民倾向于把所有战果归功于醉醺醺的库尔德杀手[2]——丘吉尔。至于我，我认为只有“喷火”战斗机才称得上这个名号。

---

1 美国威利斯汽车公司于1940年研制的多用途越野车，二战时期，经常能在战场上看见它的身影。当时的美国大兵也曾戏称，“没有威利斯吉普，就不会有二战的胜利”。

2 尽管丘吉尔是反法西斯英雄，但他也是一个冷血的种族主义者。他曾对伊拉克北部的库尔德人使用过毒气，原因竟是因为“这些部落不开化”。此外，他对于印度人也同样是恨之入骨。

飞机摄影爱好者们会觉得我是在放屁。那些爱穿夹克衫的[1]家伙认为，要想选出二战期间最强的战斗机，根本就是件不可能的事情。而且他们还告诉我，P－51“野马”战斗机的航程就能够吊打“喷火”，并且在1942年那会儿，“喷火”即便是英国皇家空军的王牌，在性能和武力方面也都赶不上德国的福克-沃尔夫190（FW190）战斗机[2]。

然后还有人声称，由于参加二战的“飓风”战斗机[3]比“喷火”多，而且“飓风”是不列颠之战的胜利的大功臣，使美国空军得以在1944年将我们的小岛作为他们的中转站，进而加快二战胜利的进程。是啊，他们觉得“飓风”才是带来决定性胜利的最伟大的武器，是凭一己之力扶大厦之将倾的英雄。但实际上，在纳粹大军的威胁面前，“飓风”的力量只能用螳臂当车来形容。

这些都是胡说八道。要是没有雷金纳德·米切尔[4]造就的“喷火”战斗机，我们今天哪能在书刊或网络上畅所欲言，热火朝天地讨论这些话题?

说到米切尔，他曾为一家叫做“超级马林”的公司效

1 这里是作者对火车和飞机摄影爱好者们的刻板印象，在本书第11章的开头处有过相关描述。

2 二战期间德国的一型全金属活塞式战斗机，是二战后期性能最好的战斗机之一。

3 二战期间英国空军主力战斗机之一，也是二战期间综合性能最优秀的轻型战斗机之一。

4 雷金纳德·米切尔：英国飞机设计师，“喷火”战斗机的研制者，1916年受雇于超级马林飞机厂，1919年起任该厂总工程师。

劳。战前，这家公司制造的都是各种笨重不堪的飞行器，“海象”水上飞机就是其一。不过，该公司也曾积极参加了颇负盛名的“施耐德杯”。此赛事始于 1913 年，本质上就是一场水上飞机领域的国际赛事。

比赛要求很简单，但它有一个让人不太好评价的规则。法国人雅克·施耐德，也就是该赛事的创办人规定，如果某个国家连续三年赢下赛事冠军，便无需归还奖杯，可以永久拥有。好在超级马林分别在 1927 和 1928 年为英国赢下了比赛冠军，又在 1929 年不负众望地拿下三连冠，在场的 25 万名观众都见证了这一辉煌时刻。

在连续 3 年的比赛里，负责机身设计的超级马林收获颇多，在空气动力学方面的认知突飞猛进；而负责发动机研发的罗尔斯·罗伊斯同样受益匪浅，在增压器和动力方面更是烂熟于心。于是，当英国政府意识到德国正日益成为威胁，并决定为皇家空军引入一些新的战斗机来取代那些过时的双翼战斗机的时候，超级马林便成为了理想之选。

超级马林公司由一位英国的真英雄所创立，他就是诺埃尔·彭伯顿·比林。他曾是一名游艇运动员，也曾是一名赛车手，在 1913 年的时候又决定去当一名飞行员。但像他这种身怀“两把刷子”，可以左右开弓的人，并不打算把太多时间浪费在考证上面。他还和一位朋友赌了 500 英镑，说自己能在一天之内考取飞行执照，而且在上午吃早餐之前就能拿下。结果他还真的做到了。

不过呢，总设计师雷金纳德·米切尔一开始给新的战斗机想出来的却是“鼩鼱”和“伯劳鸟”这样的名字。在“喷火”这个名字被采纳之前，大家曾一度真的在考虑使用前面那两个。

我倒想说，米切尔就像是在漫步沙滩的时候，随手在沙子上画了个粗略的轮廓，然后世界上最伟大的战斗机就诞生了。但真实情况是，纵观整个航空史，“喷火”战斗机都是结构最复杂、也最难生产的作品之一。

有件著名的轶事，当飞行员完成首次原型机试飞，从驾驶舱内爬出来后说道，“就这样，啥都不要动。”过往的经验告诉我们，他这是在说自己对飞机性能非常满意，觉得它无可挑剔。但事实却并非如此。他的意思是，他过一会儿还要在同样的环境下再试飞一次，所以让地勤人员不要改动任何部件。实际上，这架原型机当时的性能的确还差点儿火候。

一半的问题在于，尽管负责研发的两家公司在水上飞机竞赛中积累了丰厚经验，而且原型机使用的还是一台强劲的27升梅林发动机，但它的速度却依旧不够快。

在大刀阔斧的改装和调整过后，飞机的极速提升到了每小时335英里。但和霍克公司那结构更简单、造价更低廉的“飓风”相比，“喷火”的极速也仅仅只高出每小时5英里。这群英国工程师们自然不会满足于此，于是带上各种设备，回到车间继续埋头苦干。他们发现螺旋桨尖端在高速飞行的工况下存在缺陷，便更换了新的螺旋桨——哇噢，极速立刻飙升至每小时348英里。

棒极了。然而，实际落地量产的那一代“喷火”却很可能享受不到这新增的极速。因为在生产组装时，“喷火”的机身并不像原型机一样是采用光滑铆钉固定的，而是成本更低的圆头铆钉。为了弄清楚这会带来什么样的效果，超级马林的工程师们把豌豆瓣粘在了原型机的机翼和机身上以做测试。这真是我见过的最典型的英式智慧了。

结果表明，当所有豌豆都固定在对应的位置后，飞机极速骤降了每小时 22 英里，这是完全无法接受的。但要是将它们排列成一条直线，便不再会有空气动力学带来的负面影响，好不容易才实现的极速指标也得以延续。

另外，负责钻研发动机的罗尔斯·罗伊斯公司也带来了好消息。他们发现只要将排气口对准正后方，喷薄而出的气体就能为飞机提供 70 磅的推力，这就意味着极速能进一步提高到每小时 380 英里。

随着性能不断提升，更多的问题也接踵而来。但其中最主要的一个就是米切尔——这位“喷火”战斗机的创始人因癌症英年早逝，年仅 42 岁。

米切尔撒手人寰，将这个止陷于重重困难的设计灵感留给了他的同事们。比如，朝向后方的排气管会因发热而变红，源源不断的蓝色火焰从中喷涌而出。等到太阳下山后，能见度降低，飞行员视野就会受到极大影响。

然后，飞机搭载的梅林发动机又遇到了启动和油耗方面的问题，而且在降落前机身会有点“飘”。不仅如此，由于驾驶舱太过狭窄，当飞行员快速拉动起落架操纵杆的时候，指关节会狠狠地撞在舱壁上，甚至因此出现了一句戏言，

“看一眼指关节，就知道你是开‘喷火’的”。但最严重的，是机头空间不足的问题，而且还一直都没有解决。早期的“喷火”战斗机配备的是平滑式座舱盖，后来才改用了吹滴式[1]座舱盖。

飞行高度也是个问题。“喷火”的原型机能够达到37000英尺的高度，也就是今天的普通商业客机的飞行高度。可是，当“喷火”飞到这么高的地方后，它搭载的机炮就会因温度过低而冻结。你扣动扳机，却发现连一个屁都放不出来。

你以为这就完了吗？当你逐渐下降高度，机炮会逐渐解冻。此刻，哪怕是一丝轻微的震动都会让枪管喷出一梭子的子弹，更别提降落触地的那一下了。所以每次降落时，地勤人员一个个都是提心吊胆的。

于是，他们又花了几个月的时间，试着把发动机输出的热量引流到机翼上面，那几挺勃朗宁机枪就不会冻得“开不了口”了。

再后来，如何生产一架“喷火”又成为了新的难题。和“飓风”战斗机不同，“喷火”采用的是附带受力蒙皮的硬壳式机体，对于生产技术有专业性的要求。更麻烦的是，人们觉得飞机不能只交给一家工厂制造——要是工厂被炸了，那

1 一种介于水滴式和平滑式座舱盖之间的舱盖形式，尤见于“喷火”战斗机。

不就完犊子了吗？于是，当局找到了纳菲尔德公爵[1]，问他是否可以将位于布罗米奇城堡的工厂拿来生产战斗机。公爵倒是爽快地答应了。可是眼看就要开战了，工人们却死活不肯答应。他们用伯明翰人民所知道的唯一一种方式做出回应：一系列的劳资纠纷。

最终，伯明翰的闹剧让政府感到不胜其烦，于是直接接管了工厂，并把它交给了超级马林的新东家——维克斯公司，徒留瞠目结舌的纳菲尔德公爵在风中凌乱。总之，“喷火”战斗机很快就成为了商业筹码，而且纳税人只需要支付12 478英镑。咱们什么时候遇到过比这还划算的买卖呢？

没想到，竟然有许多国家排着队在等着购买这款惊艳的战斗机。几乎世界上每一支空军都想买回去尝尝鲜。而令人哭笑不得的是，日本人居然也下了一笔订单，不过数量只写了一架。我很好奇他们打算拿它回去干嘛。不过一直到战争爆发前，只有一架“喷火”战斗机被出口到了法国。

虽然生产过程困难重重，但实战证明，“喷火”战斗机能够击败纳粹入侵者的所有战争机器。说白了，就是因为在爬升、转向和速度方面，“喷火”可以全方位碾压德军的梅塞施密特[2]战斗机。但更重要的是，当它的对手 Me－109 到

---

1 指威廉·理查德·莫里斯，莫里斯汽车有限公司、英国慈善组织“纳菲尔德基金会”和牛津大学纳菲尔德学院创立人。

2 德国著名飞机制造商，所开发的飞机在二战时期表现优异。后面提到的 Me－109（Bf－109）就是由该公司研发，并成为了纳粹德军的主力战斗机。

达最大飞行高度后，“喷火”还能再往上蹿 3 000 英尺。而在一场电光火石的缠斗当中，谁占据了高度优势，谁就掌控了一切。

诚然，Me－109 战斗机采用了燃油喷射技术，让发动机即使在负 G 值[1]的工况下也能正常运转。而“喷火”搭载的梅林发动机使用的是化油器，当 G 值表读数为负的时候就会自动断油。

但有一件事相当令人伤感——“喷火”在战时击落的头两架飞机，竟然是它的手足兄弟“飓风”[2]。

好在后来战斗机指挥部启用了雷达站，才算解决了友军辨识的问题。之后便迎来了不列颠之战。

大家曾一致认为，“飓风”应当去追杀德军轰炸机，至于梅塞施密特战斗机组成的护航编队，则该交由“喷火”去料理。但在读了几篇描述战斗机空战的报道之后，我只觉得这种说法荒谬至极。

你驾驶战斗机俯冲着扑向德军飞行编队，选定目标，接着就是一顿短暂而急促的炮火猛攻，这时候你已经距离行动区域数英里远了；但你还需要不断进行转向和翻滚，以确保

1 指飞机产生负过载的状态，在俯冲或者倒飞时会出现。

2 1939 年 9 月 6 日，“飓风”151 中队从北威尔德起飞执行任务，途中被友军雷达误判为敌机，随后便遭到“喷火”的截击。而彼时所有的皇家空军飞行员没有实战经验，也少有人知道德军飞机的模样，并且同基地的通信情况也相当糟糕。最后发生了友军误伤，导致 2 架“飓风”战斗机坠毁，1 名“飓风”飞行员丧生。

敌人没有咬住你的尾巴。偶尔，你会和另一架敌机发生遭遇战，但大多数时候，你本该与之作战的敌人早已杳无踪影了，此刻飞机油量也差不多见底儿了。

然而，你要真以为自己冲入敌机编队后还有工夫挑选目标的话，那就太蠢了。别说是飞机了，就算是在某个天气晴朗的日子参与雉鸡射击[1]，我也没法辨认出目标的区别。多数情况下，管理员都会告诉我们只能打公雉鸡，但我觉得这几乎根本不可能。我们不但经常会打到母雉鸡，而且还会误把猫头鹰、秃鹰和鸣禽当成雉鸡打下来，而这还是在我在地面上站着不动的前提下。所以要求正在驾着战斗机极速飞行的驾驶员在开火前仔细辨认敌机，未免也太可笑了。

还有一些人的说法也是可笑至极，比如，"我们的年轻飞行员不敌纳粹，只能以四换一的代价击落敌人"。实际上，截至不列颠之战爆发的第二周，我们存有的"喷火"和"飓风"反倒比开战前还要多。在 1940 年 7 月至 10 月期间，共有 747 架"喷火"奔赴战场，仅有 361 架被击毁，352 架被击伤[2]。

的确，优秀飞行员一直以来都是稀缺资源，但好在有大

---

1 这里指的是起源于英国并在世界范围内流行的一种狩猎活动，称为"雉鸡射击"(Pheasant Shooting)。人们可以使用猎枪在专人管理的区域狩猎，目标则是天上飞的雉鸡。

2 在不列颠之战中，英国空军不仅以少胜多击退了德军，而且 1940 年 9 月 15 日的空战直接导致希特勒的"海狮计划"破产。所以从结果来看，这样的战损比已是相当的可观。

量来自波兰和加拿大的空勤人员加入了英国阵营，飞行员紧缺的情况也就没有想象得那么严重了。

于是，德军在 9 月 15 日发动了当时最大规模的进攻，200 架轰炸机直冲伦敦而来。尽管他们有战斗机编队护航，但仍有 52 架轰炸机交代在了我们这里。那我们又损失了多少“喷火”呢？答案是只有 7 架。希特勒当晚就决定无限期推迟入侵英国的计划[1]。

而在一年后，德国空军迎来了在各方面都完胜“喷火”的福克-沃尔夫 190（FW190）战斗机。要是德军在刚开战的时候就拥有了这项勇猛的武器，那我们早就被打得溃不成军了；就是这么简单。FW190 的战斗力如此之强，以至于让丘吉尔都感到如临大敌，立刻召回了所有在北欧上空执行任务的英军战斗机。

但纳粹的空中优势并没有持续太久。1943 年，“喷火”Ⅸ型战斗机横空出世。它搭载了一台 37 升、2 050 匹马力的发动机，配有双速双极增压器、五叶螺旋桨、两门机炮和四挺机枪，极速达到每小时 450 英里，最大航程 850 英里。而且我们实现了量产，一下子就造出了五千多架。德国的 FW190 相形见绌，突然就变成了“废物 190”。

这就是米切尔的初代设计的魅力所在。他一开始就认识到，在第一代“喷火”问世后，它将会经历一次又一次的更新迭代，而事实上的确如此。“喷火”衍生出了各种款式和

---

1 此处指的就是“海狮计划”。

版本，有的变成了航母舰载机，有的变成了流线型拍照侦察机，有的还变成了对地攻击机，甚至还有一款，速度达到了每小时 680 英里。多才多艺的“喷火”俨然成为了皇家空军的“瑞士军刀”。

“喷火”最后一次参加军事行动是在 1963 年。当时，印度尼西亚率先对马来西亚发难[1]，并且他们还在使用过时的“野马”螺旋桨式战斗机。所以，为了增援我们的小弟，顺便看看老式螺旋桨战斗机在现代喷气式战斗机面前是否还有竞争力，英国皇家空军把老将“喷火”和能达到 2 马赫的新型战斗机“闪电”送去了战场，让它们用战绩来一决高下。

虽然“闪电”战斗机的驾驶员随时都可以选择启动后燃器，从敌人的枪林弹雨中全身而退，但人们发现，“喷火”在每次缠斗中都能反手给身后追击的敌机来上几梭子。

所以说，“喷火”不仅仅是一型优秀的飞机。从它诞生的那一刻起，它就注定了自己的伟大。并且，自从它在 1940 年击败了纳粹空军之后，它依然与日俱进，变得愈发强大。

不过，只要你有大把的时间去研究历史统计的话，你就会发现“喷火”在数据账面上和“飓风”平分秋色，二者的实战胜率难分伯仲。

---

1 1963 年，马来西亚经历了十余年的斗争后，终于在曾经的宗主国英国的主导下获得了独立地位。然而，时任印度尼西亚总统苏加诺拒绝承认马来西亚的独立地位。印度尼西亚-马来西亚战争随后爆发。

或许“飓风”也同样是一型出色的战斗机。在飞行员的眼里，它不仅更容易操控，而且能够兼容更强大的武器装备；而在政府眼里，它比价值6000英镑的“喷火”更便宜，修复起来也更省事。然而，对于那些饱受纳粹轰炸机摧残，瑟缩在断壁残垣里的平民百姓而言，是“喷火”从空中呼啸而过、骁勇迎敌的身姿，真正赢得了他们的心。

严格来讲，“飓风”或许完全能凭一己之力赢下不列颠之战。但如果真是这样的话，在地面上作战的兵士们的斗志，该由谁来振奋？而对那些从第三帝国蜂拥而来的敌机，又该由谁予以迎头痛击？这便是“喷火”战斗机的使命。它是英国人智慧的化身，也是希望的象征。

原因再简单不过，那就是“喷火”的外观相当帅气。全身上下就和它们的驾驶员一样风流又潇洒，而它在战斗时又如飞鸟一般从容优雅。它在浩瀚天空穿梭自如，仿佛御风而行，“梅林”发动机的轰鸣声全然成了它的背景音乐。

丘吉尔首相曾通过广播鼓舞我们决不投降，而当你瞥见头顶掠过的“喷火”时，一种信念也会在你的心中油然而生——是的，这场战争，我们必将赢得胜利。

可能，我只是说可能，“喷火”战斗机就是有史以来最了不起的机器。

致　谢

我的妻子功不可没，她不仅关了孩子们三个月禁闭，还和他们约法三章，明确在“爸比正在写作的时候”不可以听广播第一电台。此外，我也要感谢企鹅出版社的罗兰德·怀特，他从未冲我嚷嚷过。